Eva-Maria Bast | Heike Thissen

Geheimnisse der Heimat

50 spannende Geschichten aus

Konstanz

Band 2

edition SÜDKURIER

Bast, Eva-Maria; Thissen, Heike

Geheimnisse der Heimat: 50 spannende Geschichten
aus Konstanz. Band 2.

edition SÜDKURIER
bei: Bücher am Münsterturm, Münsterstr. 35, 88662 Überlingen
(verantwortlich)
ISBN: 978-3-9815564-6-9

1. Auflage 2013

Lektorat: Lena Bast
Covergestaltung: Cornelia Müller
Layout: Julia Blust, Stefanie Kuklau
Grafik: Jessica Steller
Satz: Homebase – Kommunikation & Design, Jarina Binnig
Druck: werk zwei Print+Medien Konstanz GmbH

Inhalt

Vorwort 7

1. Geheimnis
Isolatoren – Telefonierende Engel, diebische Menschen 12

2. Geheimnis
Nacktes Ärschle – Pikante Plastik über dem Hauseingang 16

3. Geheimnis
Blutbuche – Kleine Frau, großes Denkmal 19

4. Geheimnis
Butzewegshöhle – Speisekammer für fliehende Nazis 22

5. Geheimnis
Leere Sockel – Reformation fegt Bischof über den See 26

6. Geheimnis
Konradskelch – Vom Zahn der Zeit zernagt 29

7. Geheimnis
Haus zum hohen Hafen – Mann mit Mut und Visionen 32

8. Geheimnis
Regimentsmusiktafel – Der Fehler steckt im Detail 37

9. Geheimnis
Steinernes Gesicht – Ein Baumeister und ein Oberbürgermeister 41

10. Geheimnis
Hussenturm – Harte Strafe für den tschechischen Reformator 44

11. Geheimnis
Schild – Alte Damen und junges Gemüse 48

12. Geheimnis
Haus „Alt Konstanz" – Eine Passion führte zum Namen 50

13. Geheimnis
Imperiasockel – Liebespaare, Lausbuben, Reisende 54

14. Geheimnis
Kerben in Holzbalken – Schutz gegen die Feuersbrunst 58

15. Geheimnis
Rokokofassade – Ein Wolf und ein Knick in der Fassade 61

16. Geheimnis
Inschrift im Münster – Flunkerei verfolgt höheres Ziel 64

17. Geheimnis
Soldat – Liebender Mann mit finsterem Geheimnis 67

18. Geheimnis
Trafohäuschen – Ungehört verhallter Willkommensgruß 70

19. Geheimnis
Baum – Knick im Radweg 73

20. Geheimnis
Graben im Uniwald – Hinrichtung vor großem Publikum 75

21. Geheimnis
Rheintorturm – Gerettet und danach eingelenkt 79

22. Geheimnis
Villa Prym – Paradiesvogel am Bodenseeufer 82

23. Geheimnis
Bananengässle – „So was haben wir hier nicht" 86

24. Geheimnis
Christusscheiben – Orientierung für die Schiffe 87

25. Geheimnis
Kapitelhaus – Der einstige Brennpunkt Europas 90

26. Geheimnis
Anlegesteg – Per Komet-Express über den Seerhein 94

27. Geheimnis
Goldenes Rad – Aufstieg, Niedergang und Wiederaufstieg 97

28. Geheimnis
Feuersäulen – Dramatisches Licht am Bismarckturm 100

29. Geheimnis
Hafenhäuschen – Wo der Lukenmann einst wohnte 103

30. Geheimnis
114er-Kapelle – Im Gedenken an die Kameraden errichtet 105

31. Geheimnis
Malhaus – Reisefreudiger Schwiegervater 109

32. Geheimnis
Patronentasche – Umgeschnallt wie ein Accessoire 112

33. Geheimnis
Mittelschiffsäulen – Streit um das Amt des Papstes 115

34. Geheimnis
Ehemaliger Schlachthof – Von der Fleischerbank zum Bücherregal 120

35. Geheimnis
Bärtiger Mann – Ein Sieg und zwei große Lieben 123

36. Geheimnis
Eckstein – Letzter Zeuge eines wichtigen Tores 126

37. Geheimnis
Uferweg – Ein Kanaldeckel, der Freude macht 129

38. Geheimnis
Fassadenmalerei – Buntes Haus mit Schattenseiten 131

39. Geheimnis
Übriggebliebene Tür – Mit Sprengstoff gegen bezahlte Liebe 136

40. Geheimnis
Pfeiferhölzle – Ein Gewann mit altem Namen 141

41. Geheimnis
Fresken im Inselhotel – Graf Zeppelin und die Genfer Kolonie 144

42. Geheimnis
Mann mit Messer – Erinnerung an ein stinkendes Gewerbe 147

43. Geheimnis
Steinerner Mann – Immer Öffentlichkeit im Konstanzer Rat 150

44. Geheimnis
Mariensäule – Mit einem Fuß auf dem Halbmond 153

45. Geheimnis
Abrahamfigur – Nicht der Hut von Jan Hus 157

46. Geheimnis
Heiliger Geist – Eine Darstellung, die es nicht geben dürfte 159

47. Geheimnis
Dachgaube – Das Leben – aufgeblättert wie ein Buch 161

48. Geheimnis
Erziehungsanstalt – Obdach für verwahrloste Mädchen 164

49. Geheimnis
Stadtgarten – Konkurrenz belebt das Geschäft? 168

50. Geheimnis
Epitaph – Letzter Zeuge hinter Mülltonnen 171

Danksagung 174

Literatur, Quellen und Fotos 175

Stadtplan mit den Geheimnissen 184

Vorwort

Was Sie in den Händen halten, ist ein kleines, charmantes Stück Erfolgsgeschichte: die „Geheimnisse der Heimat“.

Im Winter 2010 trug die Autorin Eva-Maria Bast erste kleine Alltagsgeschichten für eine Serie in einem Lokalteil des SÜDKURIER zusammen. Sie schrieb über Dinge, an denen man im Alltag eher achtlos vorübergeht und nicht erahnt, welche Geheimnisse sich hinter diesen Orten verbergen. Die Geschichten waren so faszinierend, dass der Serie im Lokalteil die Idee zu einem Buch entsprang. Das erste Buch entstand, es folgten weitere. Die Bände für die Städte Überlingen, Konstanz und Villingen-Schwenningen verkauften sich in einem Tempo, wie wir es uns alle nicht erträumt hatten. Die Leser des SÜDKURIER und alle anderen Käufer überwältigten uns mit der Nachfrage. In sehr kurzer Zeit waren zehntausende Exemplare vergriffen, wir mussten immer neue Auflagen drucken. Wir hatten offenbar einen Nerv getroffen.

War das Zufall?

Geadelt wurde die Idee im Sommer 2013. Der SÜDKURIER erhielt für die „Geheimnisse der Heimat“ den Deutschen Lokaljournalistenpreis der Konrad-Adenauer-Stiftung in der Kategorie Geschichte. Dieser Preis ist der Ritterschlag für jeden Journalisten, er gilt als wichtigste Auszeichnung in der deutschen Zeitungsbranche und macht alle Beteiligten sehr stolz. Die Jury schrieb in ihrer Begründung: „Die Redaktion des SÜDKURIER schreibt ein Thema fort, um das sie sich schon große Verdienste erworben hat. Sie bekennt sich weiterhin zur ‚Lust auf Heimat‘, hat ihr schon viele gute Ideen gewidmet. Die neueste Idee ist ausgerichtet auf die Heimatgeschichte. Die Redaktion nutzt ihre Kernkompetenz, das Recherchieren, um für ihre Leser Geheimnisse zu entschlüsseln. Aus Lesern werden Heimatkundige, sie erweisen sich als dankbar. Der große Erfolg der Buchreihe ‚Geheimnisse der Heimat‘ kommt nicht von ungefähr.“

Der Erfolg war kein Zufall.

Die Heimat ist ein Sehnsuchtsort. Sie verspricht Geborgenheit, sie gibt Handlungssicherheit und Orientierung im zunehmenden Getöse der globalisierten und digitalisierten Welt. Man muss den Menschen zuhören, dann erfährt man viel über dieses Bedürfnis. Es ist vor allem auch ein Anliegen der jüngeren Menschen. In einer Umfrage unter 2400 Jugendlichen in Baden-Württemberg war unlängst zu lesen, dass Familie und Freunde für sie die wichtigsten Werte darstellen. Werte, die man zu Hause findet, in der Heimat. Sie sind wichtig, weil sie für die Jugendlichen Eckpfeiler im Alltag bilden und damit eine Umgebung schaffen, in der man sich sicher und selbstverständlich bewegen kann. Nachdem es die jungen Menschen jahrzehntelang von daheim weg zog, um neue Städte und Länder zu entdecken, gibt es heute eine Rückbesinnung auf diese Heimat. Freilich ist es nicht allen gegeben, zu Hause eine dauerhaft sichere Zukunft zu finden, insbesondere mit Blick auf berufliche Möglichkeiten. Doch diejenigen, die fortgehen mussten, streben wieder zurück nach Hause, wann immer der Anlass gegeben ist und wann immer es geht.

Die Renaissance der Heimat ist vor allem auch die Entstaubung eines Begriffs, der jahrzehntelang muffig vor sich hin rottete. Nach den Zeiten, in denen die Welt am deutschen Wesen noch genesen sollte, verklebte die Heimat zwischen schnulzigen Alpenfilmen und Herrenabenden, wurde ab 1968 wieder ideologisiert und politisiert und fast zermalmt. Das zarte Pflänzchen, das blieb, treibt nun wieder aus. Die Heimat ist nicht mehr klebrig oder muffig. Man zeigt Fahne und Frohsinn und haucht der Heimat neue Frische ein. Das tut gut. Produkte aus der Umgebung sind gefragt, Urlaub in Deutschland ist in und Vereine haben bei uns im Südwesten kaum Nachwuchsprobleme. Es tut den Menschen gut, zu Hause zu sein und dieses Zuhause auch zu pflegen. Ein Ausdruck des liebevollen Umgangs mit der Heimat lässt sich bei uns praktisch jedes Wochenende beobachten: Mal sind es Musikabende, mal Sportveranstaltungen, mal Wein- oder Trachtenfeste. Dabei steht die Tracht für Erinnerung und Beständigkeit und in den Kleidern steckt keineswegs Muff – es ist Lebensfreude.

Diese Lebensfreude gilt es einzufangen und zu konservieren, denn sie ist Ausdruck des Zusammenhalts einer Region und damit ein Teil der Zukunft. Zu dieser Zukunft gehören auch Heimatzeitungen wie der SÜDKURIER. Diese Zeitungen haben sich zum Ziel gesetzt, ihren Lesern das Zuhause so zu schildern, wie es ist: abwechslungsreich und bunt, manchmal auch schwierig, aber immer besonders. Und das kommt an. Regionale Medienhäuser erreichen mit ihren Angeboten heute so viele Menschen wie noch nie zuvor. Die Neugier an Nachrichten und Geschichten aus der eigenen Umgebung ist ungebrochen, sie steigt sogar.

Die Autorinnen Eva-Maria Bast und Heike Thissen haben für dieses Buch wieder ganz genau hingesehen. Sie spürten der Frage nach, wie ihre Heimat ist – nämlich zauberhaft, spannend und geheimnisvoll. Eva-Maria Bast und Heike Thissen machten sich wieder auf die Suche, um spannende Dinge in der Heimat zu finden, die fast jeder kennt – aber kaum jemand beachtet. Sie recherchierten in Archiven und alten Bibliotheken und entlockten vielen Menschen in der Region ihr Wissen. Entstanden ist ein Band mit 50 Geschichten, die die Heimat noch liebevoller machen. Geschichten, die so in Reiseführern nicht zu finden sind. Geschichten, die sowohl Einheimische als auch Touristen bereichern.

Nehmen Sie sich die Zeit und spüren Sie den Geheimnissen der Heimat nach. Nach der Lektüre dieses Bandes werden Sie manche Ecke der Stadt mit ein wenig anderen Augen sehen. Dieser Blick fürs Besondere lohnt sich.

Herzlichst Ihr

Stefan Lutz
SÜDKURIER
Chefredakteur

Die Autorinnen

Eva-Maria Bast, Jahrgang 1978, arbeitet seit 1996 für verschiedene Zeitungen und Magazine. 2011 gründete sie mit Heike Thissen das Journalistenbüro „Büro Bast & Thissen", das 2013 erweitert wurde und sich nun „Bast Medien Service" nennt. Eva-Maria Bast initiierte und schrieb die Buchreihe „Geheimnisse der Heimat", die 2011 startete, rasch zu einem regionalen Bestseller wurde und 2013 in zehn Bänden vorliegt. 2013 wurde der SÜDKURIER für die Geheimnis-Reihe mit dem Deutschen Lokaljournalistenpreis der Konrad-Adenauer-Stiftung in der Kategorie Geschichte ausgezeichnet. Bast erweiterte ihr Büro 2013 um ein Eventprogramm für die „Geheimnisse der Heimat". 2012 begann sie sich auch der Belletristik zu widmen. Mit „Vergissmichnicht" (Gmeiner-Verlag) gab sie ihr Krimi-Debüt, „Tulpentanz" folgte ein Jahr später. Im Frühjahr 2014 erscheint ihr erster historischer Roman. Eva-Maria Bast hat drei Kinder und lebt mit ihrer Familie in Überlingen am Bodensee.

Heike Thissen, Jahrgang 1980, ist seit ihrem Abitur 1999 im Journalismus zu Hause. Sie hat an der Universität Leipzig und der Universidad de Valencia Diplom-Journalistik und Amerikanistik studiert und im SÜDKURIER-Medienhaus in Konstanz volontiert. Nach mehreren Jahren als Redakteurin beim SÜDKURIER arbeitet sie seit 2010 als freie Journalistin für Zeitungen und Zeitschriften. Im Mittelpunkt ihrer Beiträge stehen dabei die Menschen, die eine lesenswerte Geschichte zu erzählen haben. 2011 schloss sie sich mit Eva-Maria Bast zum „Büro Bast & Thissen" zusammen und legt hier ihren Schwerpunkt auf die Geheimnisse der Heimat sowie auf Sonderveröffentlichungen, Kunden- und Mitarbeitermagazine. Heike Thissen hat zwei Kinder und lebt mit ihrer Familie in Konstanz am Bodensee.

01

Hans-Dieter Schmidt vor dem Postgebäude. Er hält einen Isolator in der Hand.

Isolatoren

Telefonierende Engel, diebische Menschen

Man muss den Kopf schon sehr weit in den Nacken legen, um auf das großartige Relief am Ostgiebel des Sparkassengebäudes aufmerksam zu werden. Ist das Kunstwerk dann aber entdeckt, beginnt man gleich zu rätseln: Was sind das für merkwürdige Kappen an Neptuns Dreizack? Und warum telefonieren die Engel am rechten und linken Rand des Reliefs? Telefonierende Engel sind ja nun wirklich nicht gerade typische Darstellungen in der Kunstgeschichte. Hans-Dieter Schmidt, den man in Konstanz auch gerne liebevoll als „Herrn der tausend Telefone" bezeichnet – er hat wirklich so viele, er sammelt sie – weiß als Telefonspezialist das Geheimnis der telefonierenden Engel zu lüften. Und da die merkwürdigen Kappen auf dem Dreizack ebenfalls mit dieser Branche zu tun haben, kann er auch diese Besonderheit erklären. „Das Gebäude wurde einst als Direktionsgebäude der Post errichtet und im Jahre 1891 eröffnet", erklärt Schmidt, der selbst Jahrzehnte lang beim Konstanzer Fernmeldeamt, der späteren Telekom, in höherer Position tätig war. „Und deshalb ist das Gebäude mit Figuren geschmückt, die etwas mit der Post zu tun haben." In einer Denkschrift zur Eröffnung des Reichspost- und -telegraphengebäudes aus dem Jahre 1891 steht es ganz genau erläutert: „Der figürliche Schmuck sollte (...) Beziehungen zur Culturaufgabe des Post- und Telegraphenwesens versinnbildlichen." Und deshalb „(...) lehnen zu beiden Seiten des mächtigen Reichsadlers männliche und weibliche Gestalten, mit ihren Attributen, einerseits Post und Telegraphie, andererseits Handel und Verkehr veranschaulichend". Der Giebel, der dem Thema Handel und Verkehr gewidmet ist, zeigt zur Marktstätte.

Ein entzückendes Bild: Neptun mit einem isolatorengeschmückten Dreizack und telefonierende Engel.

Das erklärt die telefonierenden Engel. Aber was ist mit den merkwürdigen Kappen auf Neptuns Dreizack? „Das sind Isolatoren für Telegrafenmasten“, erklärt Schmidt. Sie wurden früher an Masten befestigt, um Telegrafen- und Telefon-Leitungen durchs ganze Land zu tragen, über die die Nachrichten summten. Was heute den Giebel der Sparkasse ziert, war also einst Übermittler manch einer brandheißen Neuigkeit. Brandheiß ist auch noch eine andere Geschichte: Die ursprünglichen Isolatoren wurden entwendet, als das Gebäude in den 1970er-Jahren am Giebel ausgebessert wurde. Was der Dieb mit ihnen anfangen wollte, ist allerdings ein Rätsel. Wozu könnte jemand Isolatoren von Telegrafenmasten brauchen? „Die Leute schrauben ja ständig irgendwo was ab, egal ob sie was damit anfangen können oder nicht“, meint Hans-Dieter Schmidt. Vielleicht war es aber auch einfach ein unkundiger Handwerker, der der Ansicht war, die Kappen gehörten nicht auf Neptuns Dreizack. 17 Jahre lang musste der Gott des Meeres also ohne seine Isolatoren am Ostgiebel des Postgebäudes sitzen. Dann verschaffte man ihm Ersatz: Im Zuge der Generalsanierung, die in den Jahren 1987 bis 1990 erfolgte, wurden neue Isolatoren aufgesteckt, die zu dieser Zeit gar nicht mehr so leicht aufzutreiben waren.

„Die Möglichkeit, ein Telegramm zu schicken, gab es in Konstanz schon seit dem 1. Dezember 1855“, erzählt Schmidt. Und ehe für das Oberpostdirektionsgebäude das Postamt an der Marktstätte gebaut wurde, befand sich die Oberpostdirektion in dem Gebäude, das gegenüber dem Nordausgang des Konzils steht. Davor war es dort beheimatet, wo sich jetzt der Drogeriemarkt Müller auf der Marktstätte befindet. Nachdem der Fernmeldebereich 1953 als Fernmeldeamt verselbständigt wurde und im Jahre 1960 aus dem heutigen Sparkassengebäude ausgezogen war, befand es sich elf Jahre lang im Hotel Halm, von wo es dann an seinen Standort in Petershausen zog.

So geht's zu den Isolatoren:

Das Relief befindet sich am zum Bahnhofplatz gerichteten Giebel am Hauptgebäude der Sparkasse Ecke Marktstätte/Bahnhofplatz.

Würde man die Figuren am Giebel an die jetzige Nutzung als Sparkassengebäude anpassen, müssten die Engel heute Geldscheine in der Hand halten. Und Neptun könnte Münzen auf seinem Dreizack aufspießen. Stattdessen sitzen sie noch immer telefonierend dort oben oder hüten die Isolatoren. Denn auch wenn man das dauerhafte Telefongespräch der Engel unten auf der Straße nicht hören kann: Sie erzählen allein schon durch ihre Anwesenheit die Geschichte des Gebäudes und kommunizieren auf diese Weise stumm mit jedem, der in der Alltagshast innehält, um einen Blick zu ihnen hinaufzuwerfen. Und das ist ja die ureigenste Aufgabe der Post und des Fernmeldewesens: Kommunikation zu ermöglichen.

Eva-Maria Bast

02

Egon Schwär versucht das nackte Ärschle zu küssen. Das bringt Glück.

Nacktes Ärschle

Pikante Plastik über dem Hauseingang

Da gibt es nichts dran zu rütteln: Über dem Hauseingang in der St.-Johann-Gasse hängt ein nackter Po. Er ist so konkret ausgearbeitet und der Wirklichkeit nachempfunden, dass er eindeutig als Hinterteil einer Frau zu erkennen ist. Und zwar als ein ausgesprochen wohlgeformtes, schönes Hinterteil. Wer das „nackte Ärschle", wie es die wenigen, die es kennen, liebevoll nennen, einmal entdeckt hat, kann nicht anders, als stehenzubleiben und zu staunen.

„Der nackte Po war einst ein Erkennungszeichen der Bordelle", erklärt Egon Schwär, der als „Nachtwächter" Besucher und Einheimische auf Rundgängen durch die Stadt führt. Zwar sei historisch nicht nachgewiesen, dass in dem ehemaligen Bauernhaus in der St.-Johann-Gasse einst leichte Mädchen ihrer Arbeit nachgingen. Doch könne es sehr wohl sein, dass während des Konstanzer Konzils auch an dieser Stelle eines der vielen Bordelle betrieben wurde. „Auf jeden Fall hält sich dieses Gerücht hartnäckig", sagt er schmunzelnd. Das weit verbreitete „Wahrzeichen" des nackten Pos sei daraus entstanden, dass die Hübschlerinnen den vorbeigehenden Männern ihre Hinterteile aus dem Fenster entgegengestreckt und so ihre Dienste angepriesen hätten. Doch der Bauingenieur kennt auch eine andere Deutung: „Inzwischen wissen wir, dass der nackte Po nicht nur als Erkennungszeichen von Bordellen verwendet wurde. Ähnlich wie ein Kreuz gegen den

So geht's zum nackten Ärschle:

Der wohlgeformte Damenpo hängt über der Eingangstür des Hauses in der St.-Johann-Gasse 8a.

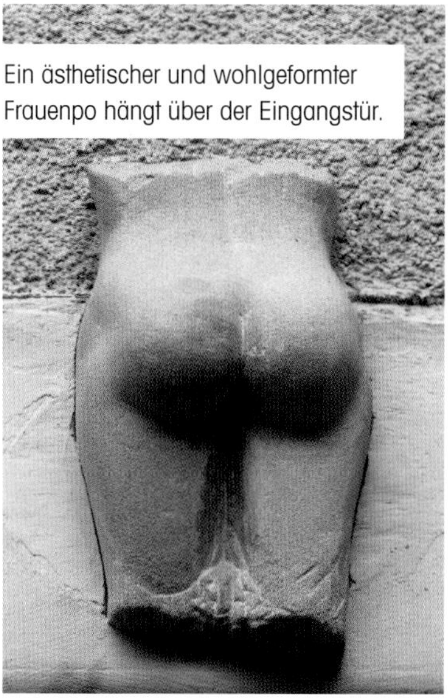

Ein ästhetischer und wohlgeformter Frauenpo hängt über der Eingangstür.

Teufel oder Knoblauch gegen Vampire helfen sollten, wurden nackte Hinterteile oft an Außenwänden angebracht, um Dämonen fernzuhalten. Sie hatten dann dieselbe Funktion wie die berühmten Gargoyles in Kirchen wie zum Beispiel Notre Dame in Paris."

Das Rätsel, ob sein Haus tatsächlich einmal dem horizontalen Gewerbe diente, kann der heutige Hausbesitzer Klaus Werner auch nicht lösen. Er weiß aber, dass zumindest der Po über seiner Haustür nichts damit zu tun hat. „Für das Gebäude ist kein historischer Hausname überliefert. Als wir das Haus Anfang der 1980er-Jahre renoviert haben, habe ich zusammen mit Freunden überlegt, wie wir es nennen könnten. Und da kam uns die Idee mit dem nackten Ärschle." Aus der anfänglichen Schnapsidee wurde eine konkrete Plastik aus Sandstein, gefertigt vom Steinmetz und Freund des Hausbesitzers, Frieder Neitsch. „Mir war wichtig, dass es ein ästhetischer und schöner Frauenpo ist. Und das ist er in der Tat", freut sich Klaus Werner noch heute über die pikante Dekoration. Und weil er sich nicht sicher war, wie gut die Plastik bei Denkmalamt und Konstanzer Bürgern ankommen würde, ließ er sie vorsichtshalber mit einer langen Schraube und einer Flügelmutter versehen und so an der Hauswand anbringen. „Wenn es Ärger gegeben hätte, hätten wir den Po ganz einfach wieder rausdrehen können", erklärt er den Coup. Ärger hat es aber nie gegeben, im Gegenteil: Längst gilt, dass Glück hat, wer das nackte Ärschle küsst.

Heike Thissen

03

Die Blätter der Blutbuche leuchten vor dem Sommerhimmel.

Blutbuche

Kleine Frau, großes Denkmal

Es sind manchmal die ganz Kleinen, die wahrhaft Großes schaffen. Die Kleine in dieser Geschichte ist Josephine Hoffmann von Leuchtenstern. Das Große, das sie schuf, ist ein Baum, den wohl jeder Konstanzer kennt und bewundert: die riesige Blutbuche gegenüber des Notariats in der Rheingasse, die ihre feuerroten Blätter im Sommer leuchtend gen Himmel reckt. Josephine Hoffmann von Leuchtenstern (1786–1850) muss, den Beschreibungen ihrer Urgroßnichte Lilly Braumann-Honsell (1876–1954) zufolge, „sehr, sehr klein" und „sehr, sehr reich" gewesen sein. „Sie führte einen Zwergenhaushalt, denn ihre Dienerschaft musste kleiner

Daniel Gross vor der Blutbuche.

sein als sie selber. ‚Ich werde doch nicht zu meinen Untergebenen aufsehen. Diese Leute verstehen nichts von geistiger Überlegenheit, sie müssen sie auch äußerlich gewahren', sagte sie hochmütig." Was Stadtführer Daniel Gross amüsiert: „Nur der Kutscher war ein Hüne." Doch auch über ihn wusste die kleine Dame sich Souveränität zu verschaffen: Wenn er schon größer war als sie selbst, dann enthob sie ihn wenigstens seines Namens und taufte ihn Baptiste. Wie übrigens alle Kutscher, die je für sie gearbeitet haben. „Sie hatte im Laufe der Zeit mehrere Kutscher. Und alle mussten sie Baptiste heißen", sagt Daniel Gross. Warum sie einen Kutscher einstellte, der größer war als sie? „Sie meinte halt, dass er sie schließlich beschützen und die Pferde sicher führen müsse", erzählt Gross schmunzelnd. „Sie fand, er müsse quasi von Amts wegen groß sein." Wie Lilly Braumann-Honsell schreibt, kommentierte Josephine, von der Verwandtschaft „Tante" – nach dem

Beeindruckend: die Blutbuche.

So geht's zur Blutbuche:

Die Blutbuche befindet sich in der Rheingasse, im Garten des Hauses Nr. 19. Man kann sie auch gut von der Mauer aus sehen, die sich gegenüber dem Notariat befindet.

französischen *tante* – genannt, die Größe ihres Kutschers aber noch mit einem Seitenhieb: „Er wird sich nie überheben, denn sehr große Leute sind meist dumm und gutmütig. Denken Sie an Riesen und Zwerge! Die klugen Zwerge haben immer die dummen Riesen überlistet."

Und was hat das nun alles mit der Blutbuche zu tun? „Im Herbst 1828 kaufte Josephine das Steinhaus in der Rheingasse 19", sagt Daniel Gross. Zu diesem Haus gehörte ein großer Garten – und in diesem pflanzte „Tante" Josephine die Blutbuche. Es ist schon irgendwie eine Ironie des Schicksals, dass die kleine Tante so etwas Großes schuf – wo sie ihr Umfeld doch immer kleiner halten wollte, als sie selbst war. Aber was für Menschen gilt, muss ja nicht unbedingt für Bäume gelten. Und während der Lebenszeit der bis zu ihrem Tod ledig gebliebenen und im Jahr 1850 verstorbenen „Tante" Josephine dürfte der Baum, je nachdem, wann und in welcher Größe sie ihn pflanzte, möglicherweise auch immer kleiner geblieben sein als die eigenwillige Dame. Sonst hätte sie ihn womöglich fällen lassen.

Eva-Maria Bast

04

Pralinen gefällig? Klaus Leitermann erinnert mit Süßigkeiten daran, dass die Nazis in der Höhle einst Lebensmittel lagerten.

Butzewegshöhle

Speisekammer für fliehende Nazis

Die Waldruh St. Katharinen auf dem Bodanrück liegt in einem idyllischen Stück Natur. Durch mächtige Buchen streift der Wind, zwischen den Stämmen schweift der Blick über den Überlinger See. Doch unweit der hölzernen Kapelle und des Waldfriedhofs gibt es oberhalb der Katharinenschlucht auf Konstanzer Gemarkung eine bleibende Erinnerung daran, dass es hier längst nicht immer so friedlich zuging. Denn die kleine Höhle im Molassefelsen wurde gegen Ende des Zweiten Weltkriegs (1939–1945) zu einem Dreh- und Angelpunkt für fliehende Nationalsozialisten.

„Als sich die deutsche Front Ende April 1945 zurückzog, suchte der damalige Gauleiter Robert Wagner ein Versteck", erklärt der Dettinger Klaus Leitermann. Wagner (1895–1946), eine wichtige Figur unter den Nationalsozialisten und glühender Anhänger Adolf Hitlers, wurde im Wald bei Dettingen fündig, unter anderem in der so genannten Butzewegshöhle.

Viele ältere Dettinger erinnern sich noch gut an jene Tage im April 1945, als Wagner sich mit seinen Soldaten im Wald versteckte und die Franzosen immer näher rückten. „Anscheinend hatte der damalige Ortsgruppenleiter ihm den Tipp mit der Höhle oberhalb der Katharinenschlucht gegeben", erzählt Leitermann. Zwar habe das Erdloch vermutlich nicht als Versteck für die Männer gedient, sehr wohl aber als gut verborgene Vorratskammer für Lebensmittel. Vor allem solche, die rar waren in jenen Jahren. So erinnert sich Aloisia Kempter, die damals 17 Jahre alt war, noch genau daran, wie französische Soldaten ihr eine Schachtel Pralinen schenkten, nachdem sie die Höhle geräumt hatten: „Das war eine Köstlichkeit, wir hatten

Die Höhle im Molassefelsen oberhalb der Katharinenschlucht.

sowas ja gar nicht." Wie die Höhle zu ihrem Namen „Butzewegshöhle" kommt, kann sie sich nicht erklären. „Das Wort ‚Butz' steht für ‚das Ende' oder ‚den Rest', vielleicht hat es etwas damit zu tun", sagt die Dettingerin, die selbst in der Straße „Zum Butzen" wohnt.

Bevor er sich im Wald auf dem Bodanrück versteckte, war Robert Wagner Gauleiter, Reichsstatthalter in Baden und Chef der Zivilverwaltung im Elsass. Als er am 23. November 1944 aus Straßburg über den Rhein floh, hatte er eine zweifelhafte, im Sinne der NSDAP jedoch erfolgreiche Karriere hinter sich: Seit 1923 war er fanatischer Anhänger der Nationalsozialisten und seit 1924 Parteimitglied gewesen. Mit eisernem Willen, Brutalität und Rücksichtslosigkeit war er zu einem der mächtigsten Männer im „Dritten Reich" aufgestiegen und hatte diese Position über 20 Jahre gehalten. Als unbarmherziger Vollstrecker der Nazi-Ideologie war er unter anderem für die Massendeportation von mehr als 6500 Juden aus Baden und der Saarpfalz ins Internierungslager Gurs verantwortlich. Bei der akribisch geplanten „Wagner-Bürckel-Aktion" wurde auf Befehl der beiden Gauleiter Robert Wagner und Josef Bürckel die jüdische Bevölkerung in Baden und der Saarpfalz in der Nacht vom 21. auf den 22. Oktober 1940 zusammengetrieben und abtransportiert – so „erfolgreich", dass damit ein grausamer Plan für die künftige Vertreibung der Juden aus Deutschland geschaffen war. Etliche der Deportierten starben kurz nach ihrer Ankunft in Gurs, wenigen gelang ab 1941 die Emigration. Die meisten der 3907 badischen Juden, die im August 1942 noch in Lagern lebten, wurden ins Vernichtungslager Auschwitz-Birkenau verschleppt und dort ermordet.

Das war lange bevor Wagner, der Vorzeige-Nationalsozialist und fanatische Antisemit, seine Lebensmittel in der Butzewegshöhle verstecken musste. „Die Höhle und der Wald auf dem Bodanrück waren für die Soldaten gut gelegen, weil man von dort schnell mit der Fähre über den Überlinger See setzen konnte. Denn für Wagner stand fest, dass er im Falle eines Falles in amerikanische Gefangenschaft geraten wollte, nicht in französische“, erklärt Klaus Leitermann. Das habe an dem schlechten Ruf der französischen Küche gelegen – aber sicher auch daran, dass Wagner berechtigte Angst vor Vergeltung für seine Handlungen im Elsass hatte. Als Robert Wagner tatsächlich fliehen musste, schaffte er es bis nach Tuttlingen, wo er unter falschem Namen als Knecht arbeitete. Doch als er zufällig vom Tod seiner Frau erfuhr – sie hatte in französischer Gefangenschaft Selbstmord begangen – verließ er sein Versteck und stellte sich Ende Juli den Amerikanern in Stuttgart.

So geht's zur Butzewegshöhle:

Der Weg zur Butzewegshöhle führt vom Parkplatz der Waldesruh St. Katharinen bergab durch den Wald und auf einer Holzbrücke über den Katharinenbach. Hier zweigt nach rund 100 Metern ein schmaler Wanderweg links ab Richtung Katharinenschlucht. Die Höhle liegt nach wenigen Metern am Wegesrand auf der rechten Seite.

Am 29. Juli 1945 wurde Robert Wagner verhaftet, ab dem 23. April 1946 musste er sich vor einem französischen Militärgericht in Straßburg verantworten. Bis zuletzt ohne Schuldgefühl, dafür geblendet vom Glauben an Adolf Hitler und von Judenhass, war unter seinen letzten Worten, bevor er am 14. August 1946 gemäß Urteil erschossen wurde, der Satz: „Lang lebe Großdeutschland, lang lebe Hitler, lang lebe der Nationalsozialismus.“ So lieferte er noch einmal selbst den Beweis für seine Uneinsichtigkeit.

Heike Thissen

05

Konrad Schatz steht unter einem der leeren Sockel.

Leere Sockel

Reformation fegt Bischof über den See

Hier fehlt ganz augenscheinlich was! Das Konstanzer Münster ist zwar äußerst beeindruckend und bietet so viel, dass die zahlreichen leeren Sockel zunächst gar nicht auffallen. Doch wenn man sie bemerkt, wundert man sich. Zumal sie sich gleich im Eingangsbereich befinden. „Die Figuren, die darauf standen, wurden während des Bildersturms im Jahr 1526 entfernt“, sagt der einstige Münstermesner Konrad Schatz. Und wenn das Gotteshaus auch nach Ende der Gegenreformation wieder mit sakralen Schätzen bestückt wurde – diese Plätze waren und blieben leer.

Die Reformation fegte ab dem Jahr 1518 durch Konstanz, hielt mehrere Jahre an und wehte Bischof Hugo von Hohenlandenberg (1457–1532) später über den See nach Meersburg. Um es etwas weniger blumig auszudrücken: Ab 1518 gab es immer wieder reformatorische Prediger in Konstanz, darunter auch den namhaften Ambrosius Blarer. Spannungen um Hohenlandenberg hatte es aber schon vorher gegeben. Der Dombezirk unterstand der Gerichtsbarkeit des Bischofs und befand sich damit außerhalb des städtischen Einflusses der Freien Reichsstadt Konstanz – was deren Vertretern nicht

Die leeren Sockel.

So geht's zum Münster:

Die leeren Sockel finden sich schon im Eingangsbereich des Münsters, ziehen sich aber durch das gesamte Gotteshaus.

behagte. Zumal Hohenlandenberg bestrebt war, seinen weltlichen Einfluss auszuweiten. Auch den weltlichen Genüssen war der Bischof nicht gerade abgeneigt: Er pflegte eine Affäre mit Barbara von Hof, die ausgerechnet die Gattin des Konstanzer Bürgermeisters Jörg von Hof war. Das war der Harmonie zwischen Stadt und Bischof freilich nicht unbedingt zuträglich. Da war eine solche Reformation ein willkommenes Mittel, um ihn zu entmachten. Der Bischof verließ die Stadt im Winter 1526. Und nun begann der Bildersturm im Konstanzer Münster. Das darf man sich aber nicht so vorstellen, dass eine Horde Reformatoren in das Gotteshaus stürmte und alle religiösen Kunstwerke von ihren Plätzen riss. Nein, die reformatorische Handlung ging wesentlich stiller vonstatten: Die Stadt nahm die sakralen Kostbarkeiten an sich und verkaufte sie wohl später. „Das Münster besaß damals über 60 Altäre, die jetzt alle weg sind“, bedauert Konrad Schatz. Nun war das mächtige Konstanzer Gotteshaus also evangelisch geworden. Doch 1548 setzte Kaiser Karl V. (1500–1558) mit Militärgewalt die Rekatholisierung durch (siehe Geheimnis 21).

Die schönen Altäre waren aber auf immer verloren und trotz Spendensammlungen bei betuchten Bürgern konnte nicht jede leere Stelle im Münster wieder gefüllt werden. Später jedoch wurden sie, als Erinnerung an jene stürmischen Zeiten, sehr bewusst erhalten. Und deswegen sind die Sockel im Münster heute teilweise leer.

Eva-Maria Bast

06

Ulrich Büttner weiß, wo einst die Spinne auf dem Messbecher saß.

Konradskelch

Vom Zahn der Zeit zernagt

Er hat alles, was ein „echter“ heiliger Bischof Konrad braucht: Im vollen Ornat seiner bischöflichen Würde trägt er einen Chormantel mit einer großen Schließe, eine mit Rosen und Edelsteinen

Von dem Tier sind nur noch Reste zu sehen.

geschmückte Mitra, den Bischofsstab in der linken und einen Kelch in der rechten Hand. Die Konradsfigur über dem Eingang zur Konradigasse 5 macht ihrem Vorbild alle Ehre, nicht nur in ihrer Ausstattung, sondern auch in ihrer Wirkung: Die gütige Haltung, für die Konrad (901–975) bereits zu Lebzeiten geachtet und geliebt wurde, vermittelt die Steinplastik ebenso wie die Energie, mit der er für seinen tiefen Glauben eintrat. Und doch stimmt etwas nicht mit dieser Figur, denn ein entscheidendes Detail fehlt.

„Bischof Konrad wird eigentlich immer mit einem Messbecher dargestellt, auf dem eine Spinne sitzt", erklärt Nachtwächter-Stadtführer Ulrich Büttner. Bei der Büste über der Tür scheint das Tier jedoch vergessen worden zu sein. Oder etwa doch nicht? „Wenn man ganz genau hinsieht, erkennt man am hinteren Rand des Kelches, dass dort einmal eine Spinne saß", verrät Büttner. Das Tier scheint ein Opfer der Zeit geworden zu sein, jedenfalls sind von ihm nur kleine Reste seiner Beine übrig geblieben. Auch, warum das Krabbeltier eine so entscheidende Rolle einnimmt, kann der „Nachtwächter“ erklären: „Die Legende sagt, dass sich während einer Messe eine Giftspinne von oben abseilte und im Messbecher des heiligen Konrad landete.“ Am Osterfest soll sich das Schauspiel am prachtvollen Hauptaltar in Konrads Bischofskirche – dem heutigen Münster – ereignet haben. So jedenfalls geht die Überlieferung. Das Tier also schwamm, da die Wandlung bereits vonstattengegangen war, im heiligen Blut. Bischof Konrad, dem nichts über sein Gottvertrauen und seine Eucharistiefeier ging, ließ sich davon nicht irritieren und trank vor den entsetzten Augen seiner versammelten Gemeinde den Kelch leer – samt Spinne. Büttner weiß, wie die Geschichte weiterging: „Natürlich passierte ihm nichts. Im Gegenteil: Als er anschließend beim Mittagessen mit Freunden zusammensaß, wartete er und sagte, dass noch ein Gast fehle. Da soll die lebendige Spinne aus seinem Mund gekrabbelt sein.“ Das Tier habe in dem Mann Gottes weder sterben noch ihm den Tod bringen können. „Dass es in Konstanz und Umgebung gar keine Giftspinnen gibt und wohl auch damals nicht gab, ist nur eines von mehreren Zeichen dafür, dass es sich hierbei um eine Legende handelt“, erklärt der Kenner der Stadtgeschichte.

So geht's zum Konradskelch:

Das Relief vom Heiligen Konrad hängt über der Eingangstür des Hauses in der Konradigasse 5.

Wie alt die Konradsfigur in der Konradigasse ist, lässt sich nicht genau sagen. Unterlagen im Stadtarchiv ist zu entnehmen, dass sie bei einem Umbau Mitte des 18. Jahrhunderts, als das stattliche Gebäude noch als Münsterpfarrhaus diente, „wieder verwendet“ wurde. Sie hatte also bereits an anderer Stelle gehangen und an Konrad und das Spinnenwunder erinnert. Das tut sie noch heute. Nur, dass man sich die Protagonistin eben hinzudenken muss.

Heike Thissen

07

Geschichtsträchtig: das Haus zum hohen Hafen.

Haus zum hohen Hafen

Mann mit Mut und Visionen

Würdiger könnte der Ort kaum sein: Ausgerechnet in dem Haus, an dem mittels gekonnter Historienmalerei illustriert ist, dass die Keimzelle Preußens in Konstanz liegt – das Werk zeigt die Belehnung des Burggrafen von Nürnberg mit der Mark Brandenburg, aus der sich Preußen entwickelte – liegt gewissermaßen auch die Keimzelle des SÜDKURIER. Hier saß nämlich nach Ende des Zweiten Weltkriegs ein Mann in den besten Jahren – 40 Jahre war er alt – und verspürte eine tiefe Sehnsucht nach Meinungsfreiheit. Der Mann kam aus der Zeitungsbranche, vor dem Krieg war er Leiter des Ullstein-Zeitschriften-Verlages gewesen und zu was sich Zeitungen während der NS-Herrschaft entwickelt hatten, das behagte ihm so gar nicht. Dieser Mann war Johannes Weyl (1904–1989) und als der Krieg im Mai 1945 vorbei war, da dachte er in seinem Zimmer im obersten Stockwerk des berühmten Hauses am Obermarkt darüber nach, dass man eine Zeitung gründen müsste. „Es sollte eine Zeitung sein, die den Leser informiert, ohne ihn zu beeinflussen. Und die ihn damit in die Lage versetzt, sich ein eigenes Urteil zu bilden“, erklärt Stefan Lutz, Chefredakteur des SÜDKURIER. „Das war ein Gut, das die Gewaltherrschaft der Nazis den Menschen entrissen hatte. Weyl wollte darum kämpfen und den Bürgern wieder Mut machen, sich eigene Meinungen zu bilden. Er wollte ihnen klar machen, dass sie auf dieses Gut ein Anrecht hatten.“ Stefan Lutz baut heute gekonnt auf dem auf, was Johannes Weyl einst begann. Lutz verhalf dem SÜDKURIER 2010 zu einer großen Ehre: der Auszeichnung mit dem Deutschen Lokaljournalistenpreis der Konrad-Adenauer-Stiftung, mit dem der SÜDKURIER für die „Geheimnisse der Heimat“ 2012 in der Kategorie Geschichte erneut geadelt wurde. Ausgezeichnet wurde die Zeitung für etwas, das Johannes Weyl wichtig war: ein starker Bezug zum Lokalen, eine Liebe zur Heimat und ein tiefes Verständnis für die Menschen aus der Region und für ihre Bedürfnisse. Das konnte auf dem wachsen, was Johannes Weyl einst noch wichtiger gewesen war. Doch dafür wird heute niemand mehr ausgezeichnet, weil es zum Glück selbstverständlich geworden ist: die Leser so zu informieren, dass sie eine Grundlage haben, um sich ihr eigenes Urteil zu bilden. „Der SÜDKURIER wünscht nicht, daß auch nur ein einziger Leser künftig noch einfach glauben möge, was in der Zeitung steht. Der blinde Glaube an menschliches Wort war ja eine und vielleicht die wichtigste der Ursachen, aus denen Deutschland auf eine gefährliche scheinbare Höhe geriet, von der es stürzen mußte“, sagte Weyl am 8. September 1945. Und deshalb, erklärt Stefan Lutz, sei auch der Name SÜDKURIER von Johannes Weyl sehr bewusst gewählt worden: „Die Zeitung sah sich als Kurier, als eine Überbringerin von Nachrichten, die anstelle von Gerüchten trat. Nachrichten, die ohne Bevormundung überliefert werden sollten.“

Johannes Weyl muss im Kern ein Idealist gewesen sein. Wenn Idealisten Träumer sind, dann bringen sie oft nichts zuwege und die Pläne bleiben im Reich der Träume angesiedelt. Wenn mit dem Idealismus jedoch, wie bei Johannes Weyl, eine gehörige Portion

Tatendrang einhergeht, dann kann daraus Großes entstehen. Dann ist der Idealismus die Initialzündung, die die Flamme des Tatendrangs nährt. Und das war Johannes Weyl vor allem: ein Mann der Taten, einer, der für seine Überzeugungen eintrat und kämpfte. Sein idealistischer Ansatz ging auf und wenn es von der Idee zum fertigen Produkt ein langer Weg war, so ließ Weyl sich davon nicht entmutigen. Zumal er das Glück hatte, auf eine voll funktionsfähige Rotationsdruckmaschine zurückgreifen zu können: Als die Franzosen im April 1945 vor Konstanz standen, hatten die Nationalsozialisten vor Ort Anweisung gegeben, die Druckmaschine, auf der zuletzt die nationalsozialistische „Bodensee-Rundschau" und danach die letzten Ausgaben des nationalsozialistischen Blattes „Der Führer" gedruckt worden war, zu zerstören. Doch die tapferen Drucker weigerten sich schlichtweg die Anweisung auszuführen – auch, wenn sie sich damit selbst in Lebensgefahr brachten. Glücklicherweise waren die Nationalsozialisten zu sehr damit beschäftigt, sich selbst in Sicherheit zu bringen, als dass sie Zeit gehabt hätten, sich um die Druckmaschine zu kümmern.

Während die französische Besatzungsmacht bereits begann, auf der Druckmaschine eine französische Zeitung zu produzieren, schickte Weyl sein Konzept an den Landeskommissär und es kam ein Kontakt mit dem französischen Kulturoffizier Georges Ferber zustande. Ferber und Weyl waren sich sympathisch, der Franzose unterstützte den Deutschen. Ende August 1945 lag ein offizieller Auftrag der französischen Besatzungsmacht für die Gründung einer Zeitung für Konstanz und Umgebung vor. Die Franzosen stellten mehrere Bedingungen und behielten sich unter anderem das Zensurrecht vor. Nur eine Woche brauchte Johannes Weyl, um am 7. September 1945 eine Zeitung in einer Auflage von über 100.000 Exemplaren herauszubringen. Datiert war sie jedoch auf den 8. September. Warum das? „Johannes Weyl war klar, dass die Leute aktuell informiert sein wollten", erklärt Stefan Lutz. Es mangelte damals aber an Verkehrsmitteln – also dauerte es, bis die Zeitung in den entlegenen Regionen ankam. Und die Leser sollten

Jahrzehnte später: Chefredakteur Stefan Lutz liest den SÜDKURIER – vor dem Haus, in dem Johannes Weyl einst das Konzept erdachte.

nicht das Gefühl haben, sie bekämen eine Zeitung von gestern. Im Zentrum, in Konstanz, freilich, hielten die Leser das Blatt bereits am 7. September in den Händen – mit dem Datum vom 8. September.

Der SÜDKURIER stieß auf großes Interesse. Doch dann wollten links orientierte Konstanzer Bürger und Vertreter der antifaschistischen Bewegung auf die einzige Zeitung vor Ort Einfluss nehmen und klagten beim französischen Gouvernement der Stadt, da die Lizenzbedingungen besagten, dass Vertreter aller politischen Richtungen einen Sitz im Kreis der Entscheidungsträger einer Zeitung haben müssten. „Dabei hatte mein Vater ohnehin großen Wert darauf gelegt, dass er allen Richtungen in seinem Blatt Raum gab, denn er hatte lange genug unter der Einschränkung der Pressefreiheit während der Nazi-Diktatur gelitten“, sagt Dr. Brigitte Weyl, die die Herausgeberschaft des SÜDKURIER später aus den Händen ihres Vaters übernahm.

Die Kommunistische Partei war inzwischen Teil der Regierungskoalition in Frankreich, was sich Ende 1945 auch auf die Besatzung

So geht's zum Haus zum hohen Hafen:

Das Gebäude, in dem Johannes Weyl am Konzept für den SÜDKURIER feilte, steht an der Ecke Obermarkt/Wessenbergstraße in der Konstanzer Fußgängerzone. Es prägt mit seiner Historienmalerei das Stadtbild.

in Konstanz auswirkte: Die Gouverneure wurden ausgetauscht und der neue Mann vor Ort hatte offene Ohren für die Stimmen der Antifaschisten, die am SÜDKURIER beteiligt werden wollten. „Zwar bot man Johannes Weyl an, weiter dabei bleiben zu können, aber er lehnte ab“, erzählt Stefan Lutz. Denn Weyl sah die Gefahr, dass der SÜDKURIER nun genau zu dem werden würde, was er nicht sein sollte: ein parteibeeinflusstes Blatt. Und eben weil er ein Mann war, dem seine Überzeugung viel mehr galt als ein Posten, zog er sich zurück. Nun waren also die politisch links orientierten Gruppen Herausgeber des SÜDKURIER – bis die kommunistische Partei 1947 aus der französischen Regierung wieder ausschied. „Ferber machte sich erneut stark für meinen Vater und erreichte, dass dieser den SÜDKURIER zurückbekam“, erzählt Brigitte Weyl. Johannes Weyl kehrte wieder und lenkte die Geschicke der Tageszeitung über mehrere Jahrzehnte.

In einem Rückblick auf die Anfangszeit sagte er: „Damals war es ein ungeheures geistig-politisches Vergnügen, eine wirkliche innere Freude, nach der Nazizeit eine freie Zeitung machen zu können. Das ist etwas, was heutige Zeitungsmacher kaum mehr nachempfinden können, weil sie ja die Freiheit gewöhnt sind. Wir aber hatten das Gegenteil kennengelernt.“ Und Stefan Lutz meint nachdenklich: „Das ist ein hohes Gut, das wir heute als selbstverständlich erachten. Das müssen wir uns immer wieder vor Augen führen.“

Eva-Maria Bast

Kaum noch zu lesen: die Tafel, die an die Leiter der Konstanzer Regimentsmusik erinnert.

08

Regimentsmusiktafel

Der Fehler steckt im Detail

An der Konzertmuschel im Konstanzer Stadtgarten ist auf der dem Bodensee zugewandten Seite eine Erinnerungstafel eingelassen. Der Text ist so verwittert, dass er sich kaum noch lesen lässt: „Den ehemaligen Leitern der Konstanzer Regimentsmusik W. Handloser A. Rust W. Bernhagen zum ehrenden Gedächtnis" steht dort. Die Gedenktafel ist längst in Vergessenheit geraten. Und so fällt auch kaum jemandem auf, dass sie einen peinlichen Fehler beinhaltet.

Dazu kam es so: Im Jahr 1872 übernahm ein Mann namens Handloser (1846–1905) als „königlicher Musikdirektor" die Leitung der Regimentskapelle des Infanterieregiments 114 (siehe Geheimnis 30). Seine Eltern hatten ihn mit dem schönen Vornamen „Konstantin"

Hier steht der falsche Buchstabe: Handloser hieß „Konstantin" mit Vornamen.

bedacht, unter dem er auch bekannt wurde und in viele Konstanzer Geschichtsbücher einging. Warum ausgerechnet auf einer Tafel, die ihn ehren soll, die Rede von „W. Handloser“ ist, bleibt ein Rätsel. Stadtarchivar Norbert Fromm hat jedoch eine Vermutung. In seinen Unterlagen befindet sich nämlich die Kopie einer Postkarte, die von der „Einweihung des Denkmals für den Großh. Bad. Musikdirektor Wilh. Handloser in Konstanz“ berichtet. Das Denkmal steht seit 1907 gegenüber dem Musikpavillon und geht auf die große Spendenbereitschaft der Konstanzer nach Handlosers Tod 1905 zurück. „Gut möglich, dass derjenige, der die Gedenktafel am Pavillon gestaltet hat, von der Postkarte abgeschrieben hat“, sagt Fromm. „Dabei handelt es sich aber um einen Fehler, denn nirgends sonst taucht für Handloser ein Vorname auf, der mit ‚W‘ beginnt.“ Über den Ursprung lässt sich nur mutmaßen: Vielleicht kannte derjenige, der die Postkarte nach der Einweihung textete, das Denkmal für Kaiser Wilhelm I. (1797–1888), das ebenfalls im Stadtgarten steht. Gut möglich, dass er Handlosers Vornamen mit dem des Kaisers verwechselte. Oder er dachte dabei an einen der beiden württembergischen Könige Wilhelm I. (1781–1864) und Wilhelm II. (1848–1921). Sicher sagen lässt sich nicht, wie der Fehler zustande kam.

Trotzdem hängt die Tafel, die an Handloser und seine Nachfolger Arnold Rust und Walter Bernhagen erinnert, genau an der richtigen Stelle. Denn es war hier im Stadtgarten, dass die Regimentsmusik große Erfolge feierte. Bis zu 1200 Musikliebhaber erlebten Ende des 19. Jahrhunderts die Darbietungen am See oder im Saal des Inselhotels mit. Das war zu einer Zeit, als die Stadt gerade einmal zwischen 16.000 und 18.000 Einwohner hatte. Handloser sah in seinen

Instrumentalisten viel mehr als eine schneidige Militärkapelle und ging 1872 bei seinem Dienstantritt als musikalischer Leiter mit Eifer und künstlerischem Ehrgeiz ans Werk. Auf einmal standen Sinfoniekonzerte der Kapelle auf dem Konstanzer Veranstaltungsplan. Mit großem Erfolg: „Die Sinfoniekonzerte entwickelten sich mit dem Wachsen der Leistungsfähigkeit des Orchesters zu immer höherer Vollendung. Als die Möglichkeit gegeben war, führte Handloser (...) die damals beliebt und berühmt gewordenen allsonntäglichen Streichkonzerte im Insel-Saal-Hotel ein, zu denen Musikfreunde der ganzen Bodenseeregion pilgerten. Niemand hatte es je zu bereuen, denn in den dreiteiligen Programmen von zwölf Nummern wurde stets eine Fülle allerbester Musik in edelster Form geboten", schrieb Handloser-Kenner Roland Cadario 1996 zum 150. Geburtstag des Musikers.

So geht's zur Regimentsmusiktafel:

Die Inschrift, die an die Leiter der Konstanzer Regimentsmusik erinnert, ist an der Konzertmuschel im Stadtgarten in Richtung Bodensee angebracht.

Die Kapelle wurde schnell zur Talentschmiede: Musikprofessoren vermittelten ihre besten Schüler nach Konstanz. Und ehemalige Handloser-Schüler wurden später berühmte Konzertsolisten. Erstklassige Dirigenten kamen gern, um seine Musiker anzuleiten. Virtuose Solisten von auswärts wechselten sich bei der Regimentsmusik ab. Die Konstanzer rechneten Handloser seinen Einsatz hoch an, trug er doch mit seiner Musik auch dazu bei, das bisweilen angespannte Verhältnis zwischen Einheimischen und Soldaten zu verbessern. Spätestens mit seinem Stadtgartenmarsch „Konstanz liegt am Bode-Bode-See, wer's nit glaubt komm' selbst und seh", hatte er alle Herzen erobert.

Als Handloser am 12. Januar 1905 an Darmkrebs starb, war die Trauer in der Stadt unvorstellbar groß: „Heute Nachmittag 4 Uhr

Das Handloser-Denkmal steht in unmittelbarer Nähe zum Musikpavillon.

fand das Leichenbegräbnis statt, das abermals Zeugnis dafür ablegte, wie hoch der verdiente Mann bei allen Schichten der Bevölkerung in Achtung stand und wie warm dem liebenswürdigen Menschen die Herzen entgegenschlugen: ganz Konstanz gab ihm das Geleite zur letzten Ruhestätte", begann in der Konstanzer Zeitung vom 15. Januar 1905 der Bericht über Handlosers Beerdigung am Tag zuvor. Schon einen Monat nach seinem Tod, am 10. Februar 1905, rief die Konstanzer Zeitung auf: „Wir halten dafür, daß das Andenken an die Wirksamkeit unseres Handloser bei Einheimischen und Fremden am frischesten erhalten bleibt, wenn in unserm schönen Stadtgarten eine Gedenktafel angebracht wird an der Stelle, von wo aus der Verstorbene mit seiner Kapelle so oft Tausenden und Tausenden das Herz erquickt hat."

Die Konstanzer Bürger folgten der Aufforderung und spendeten großzügig. Dabei kamen 3000 Mark zusammen, so viel, dass es für eine Stele aus Muschelkalk mit einem Bronzerelief der Muse Euterpe reichte. Am 25. Oktober 1907 wurde sie dort im Stadtgarten eingeweiht, wo sie auch heute noch steht. An jenem Tag muss auch das Foto geschossen worden sein, das später auf einer Postkarte landete und mit einem fehlerhaften Text versehen wurde. Die Gedenktafel am Musikpavillon wurde dann erst wesentlich später angebracht - so spät, dass sich anscheinend schon niemand mehr an den richtigen Vornamen Handlosers erinnerte.

Heike Thissen

Die Fratze in der Seestraße 7.

Steinernes Gesicht

Ein Baumeister und ein Oberbürgermeister

„Also, dieses Gesicht schaut ziemlich hämisch. Ich möchte das nicht auf mich beziehen.“ Dr. Horst Eickmeyer, einstiger Oberbürgermeister von Konstanz, muss breit grinsen, als er der Fratze, die über der Eingangstür seines Hauses hockt, einen Blick zuwirft. In der Tat blickt das Gesicht nicht gerade freundlich drein. Aber bestimmt hat der Erschaffer der Fratze Horst Eickmeyer nicht persönlich gemeint, zumal sich die Herren gar nicht kannten. Der Baumeister starb, bevor der – damals künftige, heute ehemalige – OB das Licht der Welt erblickte. Der Baumeister, Jakob Walther war sein Name, war übrigens äußerst bedeutend, er erbaute ab 1903 den gesamten Gebäudekomplex der Seestraße 1 bis 11. „All das hier ist

Horst Eickmeyer mag das Gesicht über seiner Eingangstür irgendwie. Auch, wenn es ihn so finster mustert.

in der Gründerzeit entstanden", sagt Horst Eickmeyer. Das ganze heutige Stadtgebiet nördlich des Rheins mit Ausnahme des heutigen Klosterkasernen-Areals sei bis dahin noch weitgehend unbebaut und teilweise sogar Sumpfgebiet gewesen.

Jakob Walther war kein gebürtiger Konstanzer. Er wurde 1857 in der Nähe von Karlsruhe geboren und kam in den 1880er-Jahren nach Konstanz. Und zwar als Bauleiter für die Errichtung des Garnisonslazaretts. „Dann hat er sich verliebt, geheiratet und ist ins Geschäft seines Schwiegervaters eingestiegen", erzählt Eickmeyer, „der war wohl auch Bauunternehmer." Im Nachruf zum Tod des Baumeisters schrieb die Konstanzer Zeitung: „Nach seiner Verheiratung und Eintritt in das Geschäft seines Schwiegervaters konnte der sehr unternehmungslustige und tüchtige Baumeister seine ganze impulsive Natur zur Auswirkung bringen. Sein erstes Werk war die Erbauung der Synagoge." „Zahlreiche private und öffentliche Gebäude folgten wie Post, Bezirksamt, Sparkasse, Vinzentiushaus, Reichsbank, Oberrealschule, städtisches Krankenhaus, Stromeyersdorf, die Fabrik Herosé, das Gymnasium", zählt Eickmeyer auf. Und eben auch das „Seehotel und die anschließenden Bauten", sprich, die Gebäude in der Seestraße 1 bis 11. Dabei muss Walther sehr entschlossen ans Werk gegangen sein. Die Konstanzer Zeitung schreibt: „Kein Hinderniß konnte ihn von der Durchsetzung eines einmal gefassten Entschlusses abhalten. Unterstützt von tüchtigen Angestellten und Arbeitern sah er sein Unternehmen zu einem großen Betrieb heranwachsen und blühen." Auch politisch war Jakob Walther aktiv: 25 Jahre lang saß er im Bürgerausschuss, so dass er laut Konstanzer Zeitung „der Demokr. Partei und der Stadt Konstanz seine Arbeitskraft widmete".

So geht's zum steinernen Gesicht:

Die Fratze hängt über der Eingangstüre der Seestraße 7.

Und außerdem, sagt Eickmeyer, müsse er seine Familie regelrecht abgöttisch geliebt haben. „Als einer seiner Söhne im Ersten Weltkrieg (1914–1918) fiel, war das ein Schlag, von dem er sich nie mehr erholen sollte", sagt der Alt-OB, selbst mehrfacher Vater und inzwischen auch begeisterter Großvater. Die Konstanzer Zeitung schrieb: „Der Verlust eines Sohnes ließ den einst so arbeitssamen Mann früher erlahmen, als er wohl selbst je ahnte." Er übergab das Geschäft an seinen ältesten Sohn, der es später gemeinsam mit „Herrn Architekt Burkhart" weiterführte, erlitt einen Schlaganfall und segnete sechs Jahre später, am 12. November 1925, das Zeitliche. Die Konstanzer Zeitung schrieb: „Walther ist tot, seine Bauten aber leben und erzählen von seiner Arbeitsfreude, seinem stark ausgeprägten Willen und seinem Unternehmergeist. Er ruhe in Frieden." Dem ist nichts hinzuzufügen. Außer vielleicht die Bemerkung, dass viele seiner Bauten mit zahlreichen Skulpturen verziert sind. Möglich, dass es sich bei dem Kopf über Eickmeyers Eingang um einen nachempfundenen Neidkopf handelt, wie man sie im Mittelalter gern verwendete. Ihre Aufgabe: das Böse vom Haus fernhalten. Sollte dies das Ziel des Baumeisters gewesen sein, hat er es erreicht: Horst Eickmeyer ist in diesem Haus äußerst glücklich. Vor allem dann, wenn er auf seinem steinernen Balkon sitzt und seinen Blick über den See und die Stadt schweifen lässt, die er einst regierte.

Eva-Maria Bast

10

Der kleine Hussenturm verschwindet fast vor der Fassade des Inselhotels.

Hussenturm

Harte Haft für den tschechischen Reformator

Wenn diese Mauern doch nur sprechen könnten! Sie hätten so unglaublich viel zu erzählen, vor allem über den Winter 1414/15. Denn damals war innerhalb dieser massiven Steinmauern des kleinen Turmes am heutigen Inselhotel der tschechische Theologe und Reformator Jan Hus (1369–1415) eingekerkert. Es ist bis heute nicht eindeutig geklärt, was genau sich in jenen 89 Tagen in dem unscheinbaren Gebäude, das heute „Hussenturm" heißt, abspielte.

Fest steht aber, dass Hus vom Konstanzer Konzil als Ketzer verurteilt und verbrannt wurde.

„Dabei hatte der Tscheche lange Zeit gedacht, in Konstanz würde ihm endlich Gerechtigkeit widerfahren", erklärt Frank Ebner, der sich im Rahmen einer Publikation über badische Gasthäuser eingehend mit dem Inselhotel und seiner Geschichte beschäftigt hat. Denn seit Hus im Jahr 1400 zum Priester geweiht worden war und begonnen hatte, in seinen Predigten kirchenkritische Töne anzuschlagen, hatte er sich immer wieder mit Gegnern auseinandersetzen müssen. Er predigte gegen den Reichtum der Kirche und ihren Umgang mit finanziellen Angelegenheiten, gegen den Ämterkauf, den Ablasshandel und den wenig sittsamen Lebenswandel einiger Würdenträger der Kirche. Jan Hus stellte die Bibel in Glaubensfragen über den Papst und setzte sich für eine Reform der Kirche ein. Kein Wunder, dass die Zahl seiner Feinde seitens des Klerus ständig wuchs: So wie er die Kirche verstand, gefährdete er ihre Autorität. Doch seine Anhängerschaft wurde immer größer. Um ihm Einhalt zu gebieten, wurde Hus 1411 mit dem Kirchenbann belegt und exkommuniziert, was so große Unruhen in Böhmen hervorrief und den Ruf des Landes so sehr gefährdete, dass sich das Konstanzer Konzil mit dieser Causa beschäftigen wollte.

„König Sigismund (1386–1437) persönlich lud Jan Hus zum Konzil ein und sicherte ihm freies Geleit zu", blickt Frank Ebner in der Zeit zurück. „Auch Papst Johannes XXIII. versprach seinen Schutz. Schließlich sollte Hus sich selbst und das Königreich Böhmen gegen den Vorwurf der Ketzerei verteidigen." Hus traf bereits zwei Tage vor der offiziellen Eröffnung des Konzils am 3. November 1414 in Konstanz ein. Knappe drei Wochen lang dachte er, er könne in Anwesenheit des Königs seine Lehre frei von der Kanzel herab verkünden – eine irrige Annahme, an der er selbst nach seiner Inhaftierung am 28. November 1414 festhielt.

Frank Ebner blickt nachdenklich am Turm hinauf.

Am 6. Dezember desselben Jahres betrat er das erste Mal den Turm des Dominikanerklosters, der damals natürlich noch nicht den Namen „Hussenturm“ trug. Er sollte das stinkende, enge Gefängnis über einer offenen Latrine für mehr als drei kalte, harte Wintermonate kaum verlassen. Hus wurde innerhalb der Kerkermauern verhört – ein Vorgehen, das normalerweise nur bei Ketzern angewandt wurde. Dabei ging es insbesondere darum, wie er zu den Lehren des englischen Philosophen und Theologen John Wyclif (1330–1384) stand. Denn die Schriften des Briten waren rund 30 Jahre zuvor von der Kirche als ketzerisch eingestuft worden. Immerhin hatte Wyclif gemäß seinem Leitsatz „Macht allein durch Gnade“ sowohl der Kirche ihr Recht auf Besitz als auch dem Papst jeglichen politischen Machtanspruch abgesprochen – Positionen, die denen von Hus sehr ähnlich waren. Doch wurde Hus nicht nur selbst – mehr oder weniger ernsthaft – zu dem Thema angehört. Zu ihm wurden außerdem Zeugen in den Turm gebracht, die gegen ihn aussagten. Die meisten von ihnen waren alte Gegner, von denen kaum objektive Einschätzungen zu erwarten waren. Darauf, dass der Prager Magister durch die Haft schwer erkrankt war, wurde dabei keine Rücksicht genommen. Dass er später im nahegelegenen Gottlieben inhaftiert war und im Konstanzer Münster verhört wurde – oft unter großem Geschrei und Lärmen vieler Anwesender – verbesserte seine Situation nicht im Geringsten. Im Gegenteil.

> **So geht's zum Hussenturm:**
>
> Der Hussenturm steht vor dem Inselhotel auf der ehemaligen Klosterinsel im Bodensee. Diese ist über eine Brücke gegenüber des Stadttheaters zu erreichen.

„Das Konstanzer Konzil machte kurzen Prozess mit Jan Hus", sagt Frank Ebner. „Man dachte wohl, man könnte verhindern, dass sich seine Lehren weiter verbreiten, wenn er nur schnell genug zum Tode verurteilt werden würde." Am 5. Juli 1415 wurde Hus im Münster im Beisein von König Sigismund der Ketzerei „überführt". Degradiert und aus der Kirche ausgeschlossen, gab es keinen Schutz mehr für ihn vor der weltlichen Gewalt. Am Tag darauf verspotteten ihn seine Gegner mit einer von Teufeln gezierten Papiermütze und führten ihn dort aufs Feld, wo heute der Stadtteil Paradies liegt. Auch ein allerletztes Angebot, seine Lehren zu widerrufen und damit sein Leben zu retten, lehnte er ab. „Do nam in der hencker und band in mit schuch und mit häß (mit Schuhen und Kleidung) an ain lang bret, das stund ufrecht. Und stalt im ain hochem schämel under die füß, und lait holtz und strow umb in und schüt bech darzu und zünd es an. Do schray er vast und was bald verbrunnen", hielt Ulrich Richental in seiner berühmten Chronik des Konstanzer Konzils fest. Ob Hus wirklich schreiend oder aber singend und betend starb, ist nicht eindeutig überliefert. Sehr wohl lässt sich aber feststellen, dass die Causa Hus anders als von den Konzilsvätern erhofft – mit seiner Verbrennung längst nicht beendet war. „Der Samen war längst schon gestreut, auch wenn sie Jan Hus verbrannt haben", fasst Frank Ebner zusammen.

Heike Thissen

11

Das rätselhafte Schild.

Schild

Alte Damen und junges Gemüse

Dieses Schild stammt augenscheinlich aus einer anderen Zeit. Das zeigt sowohl die Aufmachung als auch das Wort, das darauf steht: „Landesprodukten-Handlung“. Mit dem darunter liegenden Ladengeschäft hat das Schild anscheinend rein gar nichts zu tun. „Es ist einfach noch von früher da hängen geblieben“, bestätigt die in Konstanz aufgewachsene Irmengard Ziegler, die sich noch gut an diese „Landesprodukten-Handlung“ erinnert: „Ein dunkles Loch wie ein Keller, nur eine Glühbirne hing von der Decke.“ Das war aber nicht der Grund, warum die – damals noch kleine – Irmengard in den 1950er-Jahren versuchte, möglichst selten durch die Tirolergasse und damit an der „Landesprodukten-Handlung“ vorbeizugehen. Vielmehr waren ihr die

Damen, die das Geschäft betrieben und dort Gemüse verkauften, nicht ganz geheuer. Zumal sie die Konstanzer Kinder gern mal zur Arbeit angetrieben haben: „Die sind mit ihren Kartoffeln auch auf den Markt gegangen und haben das Gemüse auf einem riesigen Karren transportiert. Und dazu haben sie immer den Schulbuben befohlen, herzukommen und zu helfen.“ Deshalb, sagt Irmengard Ziegler, sei kaum ein Kind damals durch die Tirolergasse gegangen.

So geht's zum Schild:

Das Schild hängt am Haus Tirolergasse 16.

Lang schon sind die beiden alten Damen verstorben. Und Irmengard Ziegler geht inzwischen ausgesprochen gerne durch die Tirolergasse, durch die auch Konstanzer Kinder heute ganz unbefangen hüpfen – zumal sich dort der Zugang zur Spielzeugabteilung einer großen Ladenkette befindet. Nicht ahnend, dass die Tirolergasse bei den einstigen „Konschdanzer Frichtle“ so gar nicht beliebt war.

Eva-Maria Bast

12

Die Familie vereint: Wolfgang Rolle mit seinen Eltern.

Haus „Alt Konstanz“

Eine Passion führte zum Namen

Die Häuser in der Innenstadt haben klangvolle Namen wie „Zum Drachen“, „Zum hinteren Kranich“ oder „Zum Leopard“ und sind fester Bestandteil der Konstanzer Geschichte. Oft bestehen die Bezeichnungen schon seit Jahrhunderten und sind prominent in Schrift und Bild an der Hausfassade platziert. Da muss man genau hinsehen, um zu erkennen, dass das Haus „Alt Konstanz“ mit seinem prächtigen Tänzerpaar in der Hussenstraße 16 eine Ausnahme bildet. Denn es trägt seinen Namen erst seit 1933. Und das, obwohl es schon damals, also zu Beginn der 1930er-Jahre, seit mehr als 500 Jahren an Ort und Stelle stand. Im Konstanzer Häuserbuch von 1906 war schlichtweg kein Name für das Gebäude festgehalten. Die Gründe dafür ließen sich nicht mehr nachvollziehen. Das hielt den Metzgermeister Gustav Rolle jedoch nicht davon ab, diesen Zustand zu ändern. Bereits 1896 hatte er das Haus für 33.000 Mark vom Bäckermeister Anton Harrer erstanden, jetzt musste ein Name her.

„Er wollte schließlich nicht in einem Haus ohne Namen wohnen“, erklärt Gustav Rolles Sohn, der Glasermeister Wolfgang Rolle. Das Gebäude in der Hussenstraße ist sein Elternhaus, das tanzende Paar in Konstanzer Tracht sind seine Eltern. Lange sann sein Vater, von den Konstanzern damals liebevoll „Papa Rolle“ genannt, darüber nach, was ein geeigneter Name wäre. Der Moment, der die zündende Idee brachte, ist in einem Zeitungsbericht vom 29. Mai 1933 festgehalten: „Papa Rolle sah seine Frau und Kind um die Faschingszeit in ihrer geliebten ‚Alt Konstanzer-Tracht‘ und wie ein Blitzstrahl – er hatte einen Namen gefunden. Sein Haus muss ein Bild und einen Namen haben, ‚Alt Konstanz‘ soll und muss es heißen.“

Ein Mosaik aus mehreren Tausend Steinchen zeigt ein tanzendes Trachtenpaar.

Immerhin war Rolles Gattin Friedel aktives und passioniertes Mitglied im Trachtenverein „Alt Konstanz“, trug zeitlebens bei entsprechenden Anlässen die Konstanzer Tracht mit goldener Haube und tanzte für ihr Leben gern. So kommt es, dass sie noch heute hoch über den Köpfen der Passanten in der Hussenstraße zu sehen ist. Denn ihr Mann Gustav setzte 1933 mit dem Bild ihr und ihrer

Leidenschaft ein immerwährendes Denkmal. Er selbst erscheint auf dem Mosaik eher als begleitendes Beiwerk denn als Hauptperson.

So geht's zum Haus „Alt Konstanz":

Das Haus des Metzgermeisters Gustav Rolle mit dem Trachtenpaar aus Mosaiksteinchen an der Außenfassade steht in der Hussenstraße 16.

„Er wollte etwas ganz Besonderes haben", erzählt heute sein Sohn Wolfgang. Der Entwurf stammte von dem Konstanzer Kunstmaler Karl Einhart (1884–1967), der aber sofort davon abriet, das Bild in Farbe auftragen zu lassen. Sie sei nicht dauerhaft genug, um sich für lange Zeit in ihrer ursprünglichen Frische zu erhalten. Den Auftrag erhielt dann eine Firma aus Offenburg, weil zu der Zeit in Konstanz kein geeigneter Handwerker lebte, der hätte ausführen können, was Gustav Rolle sich in den Kopf gesetzt hatte: ein Bild aus vielen Tausend Elementen. So ist das Trachtenpaar nicht mit Farbe auf die Außenfassade aufgetragen, sondern in mühevoller Kleinarbeit aus mehr als 25.000 Mosaiksteinchen zusammengesetzt. Wolfgang Rolle erinnert sich gut daran, dass noch Jahrzehnte später im Nähkästchen seiner Mutter etliche dieser Mosaik-Steinchen zu finden waren. Beim Blick auf das Bild seiner Eltern muss er immer wieder feststellen: „Die beiden sind erstaunlich gut getroffen, vor allem meine Mutter hat tatsächlich so ausgesehen."

Die Konstanzer Tracht, die an der Außenfassade von Wolfgang Rolles Elternhaus für immer festgehalten ist, gibt es vermutlich noch heute. Denn nach dem Tod ihrer Mutter überließen die Kinder das Gewand dem Trachtenverein „Alt Konstanz". Die Chancen stehen gut, dass eine der älteren Damen dort Friedel Rolles Kleid und Haube trägt.

Heike Thissen

13

Stolz und schön: die Imperia.
Doch was ist das Geheimnis
des Sockels, auf dem sie steht?

Imperiasockel

Liebespaare, Lausbuben, Reisende

Sie gilt als Wahrzeichen von Konstanz. Sie begrüßt stolz die ankommenden Schiffe, Menschen bleiben auf dem Steg stehen, der zu ihr führt, und warten, bis sie sich einmal um sich selbst gedreht hat, Liebespaare tauschen im Schutz des Sockels verstohlen Küsse aus. In den Anblick der sich drehenden Imperia versunken, denkt wohl kaum jemand darüber nach, warum der – zugegebenermaßen nicht sonderlich schöne – Sockel, auf dem sie steht, ein Fenster hat und begehbar ist. Dabei ist genau dieser Sockel ein wichtiges Relikt der Konstanzer Hafengeschichte. Er ist das Überbleibsel eines alten 18 Meter hohen Leuchtturms, der ab dem Jahr 1842 den Schiffen die Richtung wies, bis er 1889 bis auf die untere, heute noch erhaltene Etage abgetragen wurde. „Da er aus Rorschacher Sandstein war, hätte man ihn sonst umfangreich sanieren müssen", sagt der Chronist der Bodensee-Schiffsbetriebe, Karl F. Fritz. „Er war nicht mehr sehr stabil." 1897 wurde auf der inzwischen mit Beton ummantelten untersten Etage eine Signalplattform aufgebracht, die man dann fast 100 Jahre lang beibehielt. „Solche Signalplattformen waren damals an der Nordsee und an der Ostsee üblich", erzählt Fritz. Das Bild der Signalplattform war also Teil der Konstanzer Hafenszene, als die Lausbuben der Stadt, auch „Konschdanzer Frichtle" genannt, das Hafenareal zum Abenteuerspielplatz erkoren. „Für die Konstanzer Jungs war es Ehrensache, alle einlaufenden Dampfschiffe schon aus größerer Entfernung zu identifizieren", erzählt Karl F. Fritz. Er gehörte freilich nicht zu jenen Lausbuben, die Konstanz in den Jahren vor dem Ersten Weltkrieg unsicher machten, denn damals war er noch nicht geboren. Aber er kennt die Geschichten aus Erzählungen. „Besonders die österreichischen Schiffe mit ihren gelben Schornsteinen und den beiden Großmasten ließen sich leicht von

Karl Fritz weiß, warum der Sockel der Imperia ein Fenster hat.

den anderen Dampfern unterscheiden", berichtet er mit leuchtenden Augen. „Und wenn ein ‚Württemberger' auftauchte, fiel er durch seine großen, rechteckigen Salonfenster auf." Schwieriger sei es gewesen, einige badische Dampfer auseinanderzuhalten, die sich sehr ähnlich sahen. „Hier waren Spezialisten gefragt, die in der Lage waren, ein Schiff schon von weitem anhand einzelner Besonderheiten als ‚Greif', ‚Zähringen' oder ‚Stadt Überlingen' zu identifizieren", erzählt der Chronist. Leichter habe man den Salondampfer ‚Kaiser Wilhelm' wegen seines wuchtigen Aufbaus ausmachen können. Respekt vor den großen Namen der Schiffe hatten die Buben freilich nicht. Die „Kaiser Wilhelm" nannten sie schlichtweg „Willy", die „Kaiser Franz Josef I." wurde kurzerhand als „Fränzle" und die „Kaiserin Elisabeth" als „Lisbeth" bezeichnet. Die „Konschdanzer Frichtle" wären keine echten „Frichtle" gewesen, wenn sie sich mit den Ratespielen zufriedengegeben hätten. Ganz und gar keine braven Jungs, hatten sie auch allerlei Schabernack im Kopf. „Ein mehr oder weniger unappetitlicher Wettbewerb war das Kaminlochspucken, wenn das Schiff unter das Brückenjoch der Rheinbrücke schlüpfte", erzählt Fritz. „Selten wurde die beabsichtigte Trefferquote erzielt, und Opfer waren meistens die ahnungslosen Fahrgäste." Einmal, berichtet der Schiffsliebhaber lachend, hätten die Lausbuben die Mütze des Kapitäns der „Neptun" erwischt. Das ließ der Mann freilich nicht auf sich sitzen und erstattete Anzeige. „Von nun an patrouillierte zum gegebenen Zeitpunkt immer ein Schutzmann über die Rheinbrücke." Auch fühlten sich die „Frichtle" berufen, Reisende auf Odyssee zu schicken: „Da es damals noch keine Einstiegskontrolle gab und die

Abfahrtsanzeiger nicht von allen Passagieren wahrgenommen wurden, bemerkten die verdutzten Fahrgäste erst unterwegs und spätestens beim Auftauchen des Kontrollmatrosen, dass man sie an der Nase herumgeführt hatte und sie auf dem falschen Schiff waren. Als sich die Beschwerden häuften, kam eines Tages der Hafenmeister den Lausbuben auf die Schliche und jagte die „Frichtle“ von dannen, sobald sie im Hafengelände auftauchten.“ Zum damaligen Hafenbild habe auch der „Hafenkommandant“ gehört, ein pensionierter Zollbeamter, der bei jeder Schiffsankunft auf die Uhr sah und peinlich genau das Anlegemanöver beobachtete. „Sobald ein Schiff zu hart gegen die Dalben krachte, nahm er den Kapitän in die Pflicht und sagte: ‚Heut bischt aber wieder schlampig hergfahre!‘“, berichtet Karl Fritz. „Die meisten Kapitäne lachten und versprachen sich zu bessern, andere zeigten weniger Sinn für einen solchen Verweis und drohten dem ‚Hafenkommandanten‘ mit erhobener Faust.“

So geht's zum Imperiasockel:

Der Imperiasockel befindet sich am Konstanzer Hafen unterhalb der Imperia. Man erreicht ihn, wenn man die Unterführung von der Marktstätte aus nimmt.

Die Dampfschiffe gibt es nicht mehr, die Lausbuben von damals haben das Zeitliche gesegnet. Und die Imperia, die hat das bunte Treiben am Hafen nicht beobachtet, wurde sie doch erst im Jahre 1993 errichtet. Doch das unterste Stockwerk des alten Leuchtturms, das ist noch da. Auf ihm gründet die Imperia gewissermaßen ihre Pracht. Und wer weiß, vielleicht haben sich die Jungs damals ja in dieses Überbleibsel des Leuchtturms hineingeschlichen und auch dort Schabernack getrieben? Oder gar durch das heute noch vorhandene Fenster hinausgespäht?

Eva-Maria Bast

14

Egon Schwär kennt das Geheimnis der Kerben im Balken.

Kerben in Holzbalken

Schutz gegen die Feuersbrunst

Das Haus in der Niederburggasse 9 sieht aus wie ein gewöhnliches Fachwerkhaus. Ein sehr schönes und aufwändig restauriertes, in der Tat. Doch bei genauem Hinsehen sind in den grauen Fachwerkbalken tiefe Kerben zu erkennen, die in das Holz eingeschlagen sind. Hat man etwa minderwertiges Holz beim Bau verwendet? Mitnichten!

„Mit den Kerben im Holz hielt der Putz an den Häusern viel besser", erklärt Nachtwächter-Stadtführer Egon Schwär. Dabei ist das Haus gar nicht verputzt, das Sichtfachwerk macht seinem Namen alle Ehre und ist wunderbar anzusehen. „Das war nicht immer so. Im Mittelalter wurde es Pflicht, auf die Außenwände der Fachwerkhäuser Mörtel aufzutragen, um sie vor Brand zu schützen." Die dafür zuständigen Gipser bearbeiteten die Balken so lange mit Axthieben, bis das Holz genug Kerben hatte, an denen der Belag haften konnte. Das durch den Mörtel geschützte brennbare Material hielt so zumindest eine Zeitlang einem Feuer von außen stand, bevor die Flammen sich einen anderen Weg ins Gebäude suchen oder aber gelöscht werden konnten. Das war ein großer Fortschritt, denn bis dahin hatten Fach-

Das Sichtfachwerk in der Niederburg ist wunderschön.

So geht's zu den Kerben im Holz:

Eines der Häuser, an denen die Kerben besonders gut zu sehen sind, steht in der Niederburggasse 9.

werkhäuser gebrannt wie der sprichwörtliche Zunder: Das „Skelett" bestand aus massivem Holz, die Hohlräume dazwischen wurden mit Stroh, Lehm oder Dreck aufgefüllt – mit allerbestem Brennmaterial.

Warum sich die Menschen überhaupt einer solchen Gefahr aussetzten? Egon Schwär kennt die Antwort auf diese Frage: „Häuser aus echtem Stein waren für die meisten Bürger viel zu teuer, das konnten sich nur die wenigsten leisten. Daher kommt ja auch der Begriff ‚steinreich'." Und so war der Stein besonderen Bauten oder Bauteilen vorbehalten, bei denen Holz wenig sinnvoll gewesen wäre: Fundamenten, Kellern, Erdgeschossen, Schutzbauten, Stadtmauern, Kirchen oder Kornhäusern und Zehntscheuern. Die wesentlich kostengünstigere Art, ein Haus zu errichten, war die Fachwerkbauweise.

Als es im Mittelalter üblich wurde, das Sichtfachwerk zu verputzen, spielte der Feuerschutz zwar eine entscheidende Rolle, aber eine kosmetische Komponente kam hinzu. Denn mit dem aufgetragenen Putz konnten die weniger Begüterten die Bauweise der Reichen nachahmen. Die Häuser waren nach dem Verputzen äußerlich kaum noch von Steinhäusern zu unterscheiden. Auch hierfür gibt es Beispiele in der Konstanzer Niederburg. Doch muss man schon ganz genau hinsehen, um dort die Fensterlaibungen zu erkennen, die aus Holz und nicht aus Stein gefertigt sind. Inzwischen herrscht ohnehin ein anderer Geschmack: „Im 19. Jahrhundert war es modern, das Fachwerk wieder zu zeigen. Das empfinden wir ja auch heute noch als besonders ‚historisch'", fasst Egon Schwär zusammen.

Heike Thissen

Gudrun Schnekenburger in der Eingangstüre des „Hauses zum Wolf".

15

Rokokofassade

Ein Wolf und ein Knick in der Fassade

Dieses Haus in der Rosgartenstraße birgt gleich mehrere Geheimnisse und Besonderheiten. Die auffälligste dieser Besonderheiten ist die prächtige Rokokofassade. „Das ist ziemlich einmalig in Konstanz", sagt Stadtführerin Dr. Gudrun Schnekenburger. Wie das Haus

So geht's zur Rokokofassade:

Das „Haus zum Wolf" befindet sich in der Rosgartenstraße 4 und ist auch von der Marktstätte aus gut zu sehen.

zu dieser ungewöhnlichen Fassade kam, ist nur die erste von vielen Fragen, die sich dem Betrachter aufdrängen. Die nächste folgt auf dem Fuße: Was hat der leichte senkrechte Knick zu bedeuten, der etwa in der Mitte des Gebäudes verläuft? Was steckt hinter dem Wappen über der Eingangstür? Und was hat es mit dem Wolf auf sich, dem hoch oben zwischen den Fenstern ein prächtiges Gemälde gewidmet ist? Um die Frage nach dem Knick zu beantworten, ist ein Blick in die Anfangsgeschichte des Gebäudes nötig. Dort wird dann deutlich, dass es sich einst nicht um ein, sondern um zwei Häuser handelte. Wo man heute noch den Knick erkennen kann, stießen sie aneinander. Das nördliche Haus ist das „Haus zum Wolf" und wird im 14. Jahrhundert als „domus et area dicta ze dem wolf" erstmals urkundlich erwähnt. „In Ortsbeschreibungen hieß es, das Haus sei ‚hinter der großen Metzg gelegen'", sagt Gudrun Schnekenburger, „die große Metzg schloss die Marktstätte nach Westen hin ab." Das südliche Haus war als „Haus zum Heidenkönig" bekannt (siehe Geheimnis 35). „Beide Häuser hatten im Spätmittelalter eine gemeinsame Toilette nach hinten zum Entsorgungsgraben hin", erzählt die Archäologin. Das sei bekannt, weil aus den Akten hervorgeht, dass die Besitzer eines Tages aufgefordert wurden, ihre gemeinsame Latrinengrube abzudichten. Das Rätsel um den Knick im Haus wäre also gelöst. Wie aber kamen die mittelalterlichen Häuser zu der prächtigen Rokokofassade? „Diesen Umstand hat Konstanz der Familie Beutter zu verdanken", erläutert Gudrun Schnekenburger. Um 1603 habe Ratsherr Hans Beutter das „Haus zum Wolf" und vermutlich wenig später auch das Nachbarhaus „Zum Heidenkönig" erworben. Bis 1860 waren die Gebäude fast ununterbrochen im Besitz dieser bedeutenden Konstanzer Familie, die die Häuser im Jahre 1774 so umfangreich sanieren ließ,

Der Wolf.

dass man fast schon von einer Erneuerung sprechen kann. Jetzt wurde die Rokokofassade angebracht. „Die Rokokogestaltung ist sehr qualitätsvoll, beim kritischen Hinschauen fällt aber auf, dass sie sich bei den beiden Häusern unterscheidet. Möglicherweise hat Beutter das ‚Haus zum Heidenkönig' etwas später erworben und dann seinem ‚Haus zum Wolf' stilistisch anpassen lassen", überlegt Schnekenburger.

Über die Familie Beutter wird dann auch das nächste Geheimnis rasch gelüftet: Bei dem Wappen über der Tür handelt es sich naheliegenderweise um das Familienwappen – oder besser das Allianzwappen der Familie Beutter-Miller. „Das linke Wappen ist das der Familie Beutter", erzählt Gudrun Schnekenburger. „Bei dem danebenliegenden handelt es sich um das Wappen seiner Ehefrau, der Tochter des Schneiders Miller."

Und der Wolf? Das ist das einzige Geheimnis an dem Haus, das nicht gelüftet werden kann – und zu dem es nur Spekulationen gibt. „Möglich", sagt die Stadtführerin, „dass die Kürschner den Wolf, das kluge, starke Tier mit seinem schönen Pelz, als glücksbringend erachteten und dem Haus, das 1486 bis 1548 das Zunfthaus der Kürschner und Schneider war, deshalb diesen Namen gaben." Möglich auch, dass der einstige Besitzer des Hauses einen Wolf gesehen und auf der Fassade verewigt hat. Was auch immer das Geheimnis dieses Wolfes sein mag: Man verstand es jedenfalls, ihn trefflich in Szene zu setzen. In naturalistischem Stil ist der Wolf mitten in eine Landschaft gemalt und durch einen Stuckrahmen mit der Rokokofassade des Hauses verbunden.

Eva-Maria Bast

16

Carola Berszin blickt zu der Inschrift hinauf, die einst eine wichtige Rolle in Konstanz spielte.

Inschrift im Münster

Flunkerei verfolgt höheres Ziel

Rom nördlich der Alpen? Das kann sich heute niemand mehr vorstellen. Doch im ersten Jahrtausend nach Christus träumten die beiden Konstanzer Bischöfe Konrad (900–975) und Gebhard (949–995) genau diesen Traum. Für ihr „Roma Secunda“, ihr zweites Rom, ließen sie sieben Kirchen bauen, die nicht nur wie die Gotteshäuser in der heiligen Stadt hießen, sondern auch an ähnlichen Orten standen. Um seinen Bischofssitz weiter aufzuwerten, ließ Konrad eine Kopie des Heiligen Grabes von Jerusalem anfertigen und in der Mauritiusrotunde im Konstanzer Münster aufstellen. Außerdem holte man eine Steinplatte mit einer geheimnisvollen Botschaft nach Konstanz und strickte eine beeindruckende Legende um sie. An diese erinnert heute eine aufgemalte römische Inschrift gegenüber der St.-Blasius-Kapelle im Münster.

So geht's zur Inschrift:

Die Kopie der Inschrift ist über einer Tür gegenüber der St.-Blasius-Kapelle im Konstanzer Münster angebracht. Die Kapelle erreicht man über die Mauritiusrotunde.

„Jahrhundertelang hat man den Gläubigen erzählt, die in Stein gehauenen Zeilen würden beweisen, dass die Stadt Konstanz bereits auf den Vater von Konstantin dem Großen (ca. 270–337) zurückgehe", erzählt Stadtführerin Carola Berszin. „Das stimmt aber nicht", weiß die Anthropologin, „der Stein stammte überhaupt nicht aus Konstanz, sondern aus Winterthur in der Schweiz." Wann und von wem er nach Konstanz gebracht wurde, sei heute nicht mehr nachvollziehbar. Sehr wohl lasse sich aber über das Warum spekulieren. „Der Stein war einmal wesentlich größer und wurde für Konstanz so bearbeitet, dass das Wort ‚Constantius' in der Inschrift in der Mitte zu stehen kam."

So habe sich die Legende, der Stein stamme aus der Zeit des Kaisers Constantius I. (250–306), viel leichter verbreiten lassen. Vor allem der italienische Humanist Leonardo Aretino (1369–1444) hat dazu beigetragen: Weil Constantius auf dem Stein erwähnt war, glaubte Aretino 1414, dass die Stadt ihren Namen von diesem erhalten habe und davor „Vitudurum" geheißen habe. Darauf kam er, weil auch dieser Ortsname in der Inschrift auftaucht. „Aretino hat außerdem davon berichtet, dass viele Leute den Stein berührten. Damals hing er noch auf Fußhöhe, so dass man ihn gut erreichen konnte. Sie glaubten, er besitze Heilkräfte", erklärt Carola Berszin. Das sei nicht verwunderlich gewesen: Die meisten

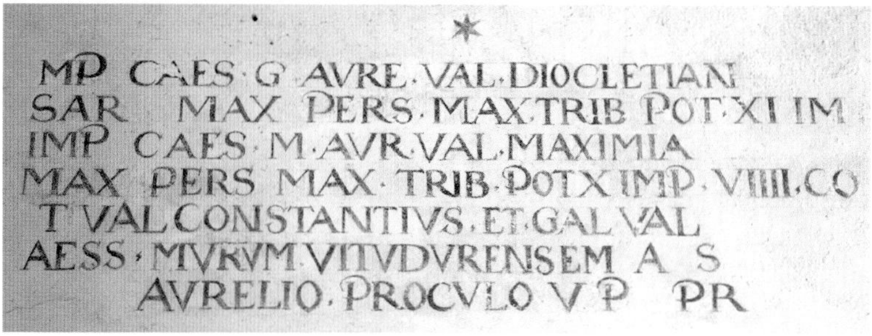

Die Inschrift ist auf Latein verfasst, sie enthält viele Abkürzungen.

Menschen konnten nicht lesen, erst recht kein Latein. „So mussten sie das glauben, was man ihnen erzählte."

Erst der Historiker und Altertumswissenschaftler Theodor Mommsen (1817–1903) ließ alle Legende beiseite und las die Inschrift als das, was sie tatsächlich war: eine Bauinschrift für ein römisches Kastell aus dem Jahr 294. Wobei dieses Kastell nicht am Bodensee, sondern im mehr als 40 Kilometer entfernten Winterthur stand. Diese Stadt – und nicht Konstanz – trug einst den Namen „Vitudurum". Denn die Inschrift besagt übersetzt: „Der Kaiser Gaius Aurelius Valerius Diocletianus (...) und der Kaiser Marcus Aurelius Valerius Maximianus (...) und Valerius Constantius und Galerius Valerius Maximianus (...) haben das Kastell Winterthur von Grund auf auf ihre Kosten bauen lassen."

„Der Stein hat mit Konstanz und dem Münster hier also überhaupt nichts zu tun", fasst Carola Berszin zusammen. Folglich hängt das Original seit 1966 auch nicht mehr im Münster, sondern im Rathaus von Oberwinterthur. Als Erinnerung an den großen Ehrgeiz der Konstanzer Bischöfe und den Inschriftstein ist heute in der St.-Blasius-Kapelle eine Kopie an die Wand gemalt. Sie ist zu weit oben angebracht, als dass man sie berühren könnte. Muss man aber auch nicht: Die Legende war ja ohnehin erfunden.

Heike Thissen

17

Ein steinerner, aber liebender Mann mit finsterem Symbol.

Soldat

Liebender Mann mit finsterem Geheimnis

Dieser Soldat trägt sowohl eine Fahnenstange als auch ein finsteres Symbol. Eines, das für die beschämendste Epoche Deutschlands steht: das Hakenkreuz. Warum es sich immer noch dort oben, kaum sichtbar, am Ende der Fahnenstange befindet und nie entfernt wurde, kann Dr. Arnulf Moser, Kenner der französischen Geschichte, nicht sagen. Er wundert sich auch darüber, dass hier einst, während der Besatzungszeit, französische Soldaten vorbeimarschierten, ohne es zu bemerken. Und dann rankt sich noch ein weiteres Rätsel um den steinernen Soldaten: Warum bewacht er, ein deutscher Soldat, ein Tor, das zu einer Kaserne führt, die einen französischen Namen, nämlich Chérisy, trägt? Zunächst mag man denken, dass das Areal seine Bezeichnung aus der Zeit der französischen Besatzung behalten hat. Das wäre eine relativ einfache Erklärung. Doch Arnulf Moser weiß, dass dem nicht so ist, und dadurch wird die Geschichte noch rätselhafter: „Im Gegenteil wurde der französische Name während der französischen Besatzungszeit sogar abgeschafft und die Kaserne in Quartier Bonaparte umbenannt", sagt er. Warum schafften die Franzosen einen französischen Namen ab? Und weshalb hatten die Deutschen ihrer Kaserne zuvor einen französischen Namen gegeben, wo man mit Frankreich doch verfeindet war? „Der Name Chérisy erinnert an eine Schlacht im Frühjahr 1917, die für das Konstanzer Regiment Nr. 114 siegreich endete", erzählt Arnulf Moser. Diese Schlacht trug sich im Ersten Weltkrieg bei Chérisy in der Nähe von Arras in Nordfrankreich zu und die Konstanzer konnten den Durchbruch der Engländer verhindern. Deshalb ist der Name für die Menschen vom See mit Triumph verbunden.

Interessanterweise schafften die Franzosen während der Besatzungszeit nach dem Zweiten Weltkrieg zwar den Namen ab, duldeten aber den deutschen Soldaten am Eingang, wenn sie auch von dem Hakenkreuz an der Spitze der Fahnenstange ziemlich sicher nichts wussten. Vielleicht war es für sie ja jedes Mal ein kleiner Triumph, wenn sie an ihm vorbeikamen? Dass der Soldat mit seinen steinernen Augen quasi zusehen musste, wie sie an ihm vorüber in die von ihnen besetzte Kaserne marschierten? Möglicherweise ließen sie ihn aber auch deshalb am steinernen Leben, weil der Konstanzer Soldat Walter Huber, der für die von Bildhauer Paul Diesch geschaffene Steinskulptur Modell gestanden hatte und der vom blonden Scheitel bis zur Sohle stolze 1,82 Meter maß, eine Pariserin namens Paulette liebte und später heiratete?

So geht's zum Soldaten:

Der deutsche Soldat steht am südlichen Eingang des Chérisy-Areals Ecke Chérisy-Straße/Bücklestraße/Oberlohnstraße.

Ob der steinerne Walter Huber auch das eine oder andere deutsch-französische Techtelmechtel beobachtete? Gut möglich ist das jedenfalls, denn die dicke Säule, auf der er steht, dürfte heimlichen Liebenden sicherlich Schutz geboten haben. Wer weiß, welche französisch-deutschen Liebesschwüre über die Jahre in die steinernen Ohren des Soldaten gedrungen sind? Arnulf Moser erinnert sich noch an etwas anderes, was der Steinerne beobachtet haben muss: „In den 1970er-Jahren fand einmal im Jahr auf dem Areal eine Kirmes mit Zelten für Essen und Trinken und Jahrmarktbuden statt“, sagt er. Der Soldat, erschaffen in einer Zeit der Feindschaft zwischen Deutschen und Franzosen, hat sich vielleicht gewundert, dass nun Konstanzer durchs Tor schritten, um gemeinsam mit französischen Soldaten zu feiern.

Eva-Maria Bast

18

Christoph Blomeier steht vor der „Konstanzerin", die die Besucher der Stadt empfängt.

Trafohäuschen

Ungehört verhallter Willkommensgruß

Die junge Frau gibt sich so viel Mühe: Sie hat sich ihre schöne Konstanzer Tracht angezogen und die Haare unter die Goldhaube gesteckt. Einen Blumenstrauß hat sie gepflückt, ein Glas Wein eingeschenkt und ihr freundlichstes Lächeln aufgesetzt. Sie möchte eine gute Gastgeberin sein und ihre Besucher willkommen heißen. Aber ihr Gruß verhallt ungehört, kaum jemand beachtet sie.

Das war Anfang der 1950er-Jahre ganz anders. Denn damals, als der bekannte Konstanzer Künstler Hans Sauerbruch (1910–1996) das Sgraffito von der Dame schuf, fuhren die Autos noch nicht so schnell wie heute den Berg hinauf und Staad war noch nicht so dicht bebaut. Da konnte sich tatsächlich ein Großteil der Besucher, die mit der Fähre von Meersburg über den See gesetzt waren, über die junge Frau und den Gruß „In Konstanz herzlich willkommen" an dem freistehenden Trafohäuschen freuen.

„Es gehört zum Ensemble der Gebäude am Landeplatz und ist eine Mischung aus einem Technikbau und einem Werbebau", erklärt Architekt Christoph Blomeier, dessen Vater nicht nur das kleine Gebäude an der Schiffstraße, sondern 1950 auch den „Fäh-

So geht's zum Trafohäuschen:

Das Trafohäuschen mit dem Willkommensgruß steht in der Schiffstraße. Vom Fährhafen kommend ist es oberhalb der Hoheneggstraße auf der rechten Seite zu sehen.

repavillon“ in Meersburg und 1952 die „Ländebauten“ im Konstanzer Stadtteil Staad entworfen hat. „Als die Fähreanlagen mit ihren Landestegen 1952 umgebaut und an den heutigen Standort verlegt wurden, um sie den neuen Verkehrsanforderungen anzupassen, hatte mein Vater als Architekt die Gesamtplanung inne.“ Hermann Blomeier (1907–1982), einer der bedeutendsten Architekten der Nachkriegsmoderne im Südwesten, plante zunächst den „Fährepavillon“ in Meersburg, mit dem er in Fachkreisen für Aufsehen sorgte. Mit dem runden Bauwerk am Fährhafen, das ins Wasser hineinragte, lieferte er eines der ersten Beispiele für moderne Nachkriegsarchitektur in Deutschland. „Nachdem mehrere Fachzeitschriften weltweit über das Gebäude berichtet hatten, erhielt er auch den Auftrag für Planung und Bauleitung der ‚Ländebauten‘ in Staad“, blickt sein Sohn zurück. So kommt es, dass auf beiden Seiten des Bodensees die Gebäude an der Stelle, wo die Fähren anlanden, eine gemeinsame, einheitliche Architektursprache sprechen. Hermann Blomeier verstand sie als Pfeiler einer nicht sichtbaren Brücke, die von den Schiffen vervollständigt wurde.

Im Zuge der Planung der „Ländebauten“ in Staad gestaltete Blomeier auch die ehemalige Schaltzentrale, die noch heute zwischen den beiden Fährzufahrten steht, eine große Aral-Tankstelle auf Höhe der begrünten Verkehrsinsel zwischen der Zu- und Abfahrt zur Fähre und eben das kleine freistehende Trafohäuschen. „Das war alles aus einem architektonischen Guss, aber seit die Tankstelle nicht mehr steht, ist diese Einheit nicht mehr erkennbar“, erklärt Christoph Blomeier, warum das Trafohäuschen am Berg heute ohne städtebaulichen Bezug zu den „Ländebauten“ am See steht. Dagegen, dass das Trafohäuschen und die Leistung seines Architekten inzwischen weitgehend in Vergessenheit geraten sind, hat auch das Sgraffito mit der freundlichen Konstanzerin nichts ausrichten können.

Heike Thissen

19

Horst Eickmeyer vor dem Baum, wegen dem die Radfahrer einen kleinen Umweg fahren müssen.

Baum

Knick im Radweg

Mütter, die angesichts rasender Radler ängstlich ihre Kinder an sich ziehen. Radfahrer, die genervt die Augen verdrehen, weil sie vor lauter Fußgängern nicht durchkommen. Böse Leserbriefe in der Tageszeitung. Was war plötzlich in der Seestraße los? Nach der Verbreiterung der Seestraße Anfang der 1980er-Jahre hatte die Stadt auf dem neuen Asphaltbelag einen weißen Strich aufgemalt, um so die Fußgänger und Radfahrer voneinander zu trennen. Doch so ganz funktionierte die gemeinsame Nutzung offenbar nicht, der Trennstreifen wurde besonders von den Fahrradfahrern gern ignoriert. „Deshalb haben wir damals einen Radweg gebaut, der vom Fußgängerweg durch einen breiten Grünstreifen getrennt wird", erzählt der einstige Konstanzer Oberbürgermeister Dr. Horst Eickmeyer. Die Wege verlaufen gerade nebeneinander, doch an einer Stelle macht der Radweg plötzlich einen Bogen vom Fußgängerweg weg und führt kurz darauf wieder zum Fußgängerweg hin. Warum müssen die Radfahrer an dieser Stelle einen – winzig kleinen – Umweg fahren?

Der gebogene Radweg.

So geht's zum Baum:

Der Baum steht am Uferweg zwischen dem Radweg und dem Fußgängerweg auf Höhe der Casino-Spielbank.

Als die Bauarbeiter seinerzeit den Weg anlegten, standen sie plötzlich vor einem Problem oder besser gesagt: vor einem Baum. Was tun? Man konnte die Radfahrer ja schlecht gegen einen Baum fahren lassen! Also entschieden sich die Männer, ihn zu fällen. Zum Glück ging Horst Eickmeyer gerade am Ufer entlang, als sie damit beginnen wollten. „Ich habe gesagt: Der Baum bleibt stehen!“, erinnert er sich heute. „Und als die Bauarbeiter mich gefragt haben, wie sie denn dann den Radweg weiterführen sollen, habe ich gesagt, sie sollen halt den Radweg ein paar Meter verlegen und um den Baum herumführen.“

Deshalb müssen die Fahrradfahrer heute einen Bogen fahren. Und der Baum erfreut sich bester Gesundheit.

Eva-Maria Bast

20

Heinz Heer steht im Graben an der Friedrichstraße, wo 1853 eine Hinrichtung stattfand.

Graben am Uniwald

Hinrichtung vor einem großen Publikum

Die Senke ist noch deutlich zu erkennen: Wo die Friedrichstraße unmittelbar vor dem Wald in die Universitätsstraße übergeht, floss einst ein Bächlein durch das Tal. Heute läuft es unterirdisch,

Wo genau die Tribüne und das Podest für die Hinrichtung standen, lässt sich heute nicht mehr sagen.

doch im Jahr 1853 lag das Gewässer noch offen und bildete zusammen mit den Wiesen und dem Wald einen idyllischen Platz außerhalb der Stadt. Die Friedrichstraße war damals noch eine Schotterpiste mit tiefen Schlaglöchern, die Häuser am Königsbau noch nicht errichtet. Hier an der Überfahrt über den Bach, „beim Brückle", fand am 5. November 1853 ein grausames Schauspiel statt. „Dort oben wurde die Gattenmörderin Theresia Lindegger hingerichtet. Die Stadt musste Tribünen errichten, damit alle Schaulustigen Platz fanden", berichtet der Konstanzer Hobby-Historiker Heinz Heer.

Theresia Dürr hatte im November 1843 in Mimmenhausen bei Salem den Gärtnergehilfen Johann Lindegger geheiratet. Ein braver, fleißiger und häuslicher Mann von sehr gutmütigem Charakter sei dieser gewesen, wie die Konstanzer Zeitung am 7. November 1853 in aller Ausführlichkeit berichtete. Die Ehe war wohl eine harmonische, so lange, bis der verheiratete Lehrer

Franz Xaver Sutor im Frühjahr 1852 ins Leben der wesentlich jüngeren Theresia trat. Entgegen allen Warnungen durch Verwandte und Bekannte begannen die beiden ein Verhältnis miteinander. Sutors Frau starb am 24. März 1853 eines natürlichen Todes; Johann Lindegger starb ebenfalls – nur einen Monat später, aber weniger natürlich.

Der 35-Jährige hatte sich gerade von einer Erkältung erholt, „als am 16. Mai d. J. (1853), Nachmittags 3 Uhr, unerwartet schnell auffallende mit qualvollen Schmerzen verbundene Krankheitserscheinungen bei Lindegger eintraten, denen der Tod schon nach drei Stunden folgte", war in der Konstanzer Zeitung zu lesen. Es lag nahe, seine Frau zu verdächtigen. Diese musste darin doch ihre Chance gesehen haben, endlich offiziell mit ihrem Liebhaber zusammenzukommen und aus der Affäre eine ordentliche Beziehung zu machen. Und tatsächlich: Theresia Lindegger gestand nach anfänglichem Leugnen, ihren Mann mit einem Löffel konzentrierter Schwefelsäure vergiftet zu haben. Die Geschworenen fällten ihr Urteil vor dem Schwurgericht in Konstanz am 28. September 1853: Weil sie ihren Mann vorsätzlich mit Gift getötet hatte, sollte sie öffentlich enthauptet werden. Am 5. November 1853 wurde Theresia Lindegger im Graben des Baches am heutigen Universitätswald auf einem Stuhl sitzend geköpft – vor den Augen von mehreren Hundert Schaulustigen. Einer Völkerwanderung gleich waren die Menschen ans Brückle geströmt und wer besser sehen wollte, war auf die Bäume geklettert.

Das Ereignis muss beeindruckend gewesen sein. Jedenfalls berichtete ein Journalist in der Ausgabe der Konstanzer Zeitung vom 10. November 1853: „Wir haben etwas seit fast undenklichen Zeiten hier nicht mehr Gesehenes mitansehen oder anhören müssen; auch wer mit den Augen der traurigen Schreckenshandlung ferne blieb, konnte ihr nicht ferne bleiben mit Herz und Ohr. Alles war davon ergriffen, es raubte so Vielen den ruhigen Schlaf und die Eßlust; der bloße Gedanke daran erfüllte mit Grausen

So geht's zum Graben am Uniwald:

Der Graben, in dem Theresia Lindegger hingerichtet wurde, befindet sich an der Friedrichstraße am Waldrand auf Höhe des Kuhmoosweges.

und Entsetzen." Der Autor, der mehrmals betonte, dass er dem Spektakel nicht beigewohnt habe, berichtete von Augenzeugen, „daß die hier stattgefundene Hinrichtung einen fast allgemein heilsam erschütternden Erfolg hatte und gleichsam ein schauerlich großartiger Gottesdienst war."

„Anscheinend hatte sich Theresia Lindegger in Gefangenschaft noch zum Glauben bekehrt und bereute ihre Tat", erklärt Heinz Heer. So dankte sie wohl dem „allergnädigsten Landesregenten" dafür, dass er sie nicht begnadigt hatte, und den Richtern dafür, dass sie sie gerecht verurteilt hätten. Nur durch ihren eigenen Tod könne sie sich mit Gott aussöhnen, was bei einem Leben im Gefängnis nicht möglich gewesen wäre. Damit erreichte sie auch das Mitleid ihrer Mitmenschen, sagt Heinz Heer: „Die Menschen waren so beeindruckt von dieser Wandlung, dass sie sogar für Theresias Kinder spendeten." Der Berichterstatter der Konstanzer Zeitung fragte sich, wo all diese edlen Empfindungen und Taten der Liebe und Teilnahme wohl geblieben wären, wenn man die Verbrecherin ins Zuchthaus gesteckt hätte. So saß Theresia Lindegger also nicht als verhasste Mörderin, sondern als bemitleidete Frau auf dem Stuhl im Graben am heutigen Universitätswald, als der Scharfrichter zum finalen Schlag ausholte.

Heike Thissen

21

Horst Frank vor dem Rheintorturm.

Rheintorturm

Gerettet und danach eingelenkt

Es gibt viel, woran der Konstanzer Rheintorturm erinnert. Durch ihn führte einst die Rheinbrücke und viele Honoratioren ritten hindurch, wenn sie die Stadt besuchten. Am bewegendsten findet der einstige Oberbürgermeister Horst Frank aber die Geschichte

von einem Mann und mehreren Frauen, die an diesem Turm im August 1548 die Stadt gerettet haben sollen: Die spanischen Söldnertruppen von Kaiser Karl V. (1500–1558) befanden sich im Anmarsch auf die Stadt und standen schon auf der Fallbrücke. „Man konnte sie also nicht mehr hochziehen", sagt Horst Frank. Doch die findigen Konstanzer Frauen hätten Steine zum Rheintorturm und dort die Stufen hinauf geschleppt, die sie dann vom Dach des Turms auf die Spanier warfen. „Der Feind musste zurückweichen und der Mann namens Plimplamp konnte die Fallbrücke schließen", erzählt der einstige OB. „Heute gibt es eine Fasnachtsgruppe mit dem Namen ‚Plimplamp und die Konstanzer Weiber', die daran erinnert."

Was hatte es mit diesem Angriff auf sich? Die Mitte des 16. Jahrhunderts war eine sehr bewegte Zeit für die Stadt: Die Pest wütete, die Reformation war gerade zu Ende gegangen und die Gegenreformation in vollem Gange, Konstanz war nun evangelisch und der Bischof nach Meersburg übergesiedelt. 1547, in dem Jahr vor dem Angriff auf Konstanz, wurde das Reich vom „Schmalkaldischen Krieg" (1546/47) erschüttert, der von Kaiser Karl V. gleichermaßen zur Niederwerfung des Protestantismus wie auch zur Unterdrückung der politischen Opposition geführt wurde. Konstanz weigerte sich 1547, sich zu unterwerfen. Im Sommer 1548 gab es Verhandlungen auf dem „geharnischten Reichstag“ in Augsburg – geharnischt deshalb, weil spanische Truppen anwesend waren. Am 5. August beendete der Kaiser die Verhandlungen und ließ Konstanz einen Tag später von seinen Truppen, geführt von Alphonse de Vives, überfallen. 3000 Spanier sollen von 200 Konstanzern zurückgeschlagen worden sein – auch dank des Herrn Plimplamp, der die Rheintorbrücke hochzog. „Doch irgendwie war den Konstanzern mulmig und sie hatten Angst vor politischen und wirtschaftlichen Konsequenzen“, sagt Horst Frank. In einer Abstimmung äußerte sich die Mehrheit der Bürger dafür, das vom Kaiser vorgeschlagene „Interim“ anzunehmen – das im Kern die Rekatholisierung bedeutete. Zwei Monate später war die Stadt von österreichischen Truppen besetzt, weil Konstanz an die Habsburger kam. Im November wurde im Münster wieder katholisch gepredigt, bekennende Protestanten und die führenden Köpfe der Reformation waren aus der Stadt geflohen. Der Kaiser hob die Reichsfreiheit auf – das war das Ende der Freien Reichsstadt. Und für lange Zeit auch das Ende der Protestanten in Konstanz.

So geht's zum Rheintorturm:

Der Rheintorturm steht am Rheinufer am Rheinsteig 2.

Insofern hat das Hochziehen der Brücke am Rheintor zwar nicht nachhaltig etwas gebracht, aber dank dieses Widerstands ging Konstanz als besonders wehrhafte Stadt im Schmalkaldischen Krieg in die Geschichte ein. „Und das“, sagt Horst Frank, „ist Plimplamp zu verdanken. Und den Männern und Frauen, die ihm zur Seite standen.“

Eva-Maria Bast

22

Das Fresko mit Jagdszenen und Brautpaar ist von Weitem zu sehen.

Villa Prym

Paradiesvogel am Bodenseeufer

Die Villa Prym ist ein Hingucker. Und was für einer! Niemand, der die Seestraße entlang Richtung Strandbad Hörnle spaziert, kann dieses beeindruckende Gebäude auf Höhe des Yachthafens ignorieren, selbst wenn er wollte: Seine haushohe, farbenfrohe Fassadenmalerei ist schon von Weitem zu sehen. Der Betrachter kann sie mögen oder nicht. Aber er staunt auf jeden Fall und wundert sich. Was hat es mit diesem Bau eigentlich auf sich? Bettina Schröm, die als Referentin der Studiengänge „Kommunikationsdesign“ der Konstanzer Hochschule zumindest zeitweise in der Villa Prym gearbeitet und ein Buch über das Haus herausgebracht hat, kann so manches Geheimnis lüften. Das geht schon mit dem Namen los. Denn die Villa heißt „Prim“ und nicht „Prüm“: „Das Ypsilon ist angeblich ein so genanntes rheinisches ‚I‘. Wie im

Namen von Gregor Gysi, anders als bei der Insel Sylt", erklärt sie augenzwinkernd.

Doch von vorn: In den ersten Jahren nach der Erbauung 1876 hieß das opulente Anwesen unverfänglich „Villa Hammer" nach der Besitzer-Familie – ganz ohne Fallstricke, was die Aussprache des Namens angeht. Damals stach das Haus noch nicht wie heute aus der Nachbarschaft hervor. Das änderte sich erst, als der Stolberger Unternehmer Gustav Prym (1839–1917) es 21 Jahre später kaufte. „Er kam aus privatem Interesse an den Bodensee", hat Bettina Schröm herausgefunden. „In Kreuzlingen gab es einen Modearzt namens Binswanger, bei dem Prym sich behandeln ließ. Und weil es ihm hier so gut gefiel, beschloss er, im Alter an den Bodensee zu ziehen." Gesagt, getan. Von „Ruhestand" konnte dabei aber keine Rede sein: Gustav Prym stürzte sich nach dem Rückzug aus seiner Firma 1910 mit einer Selbstverständlichkeit ins politische, kulturelle und religiöse Leben der Stadt, die wohl so manchem alteingesessenen Konstanzer Ehre gemacht hätte. Der preußische Kommerzienrat wurde Mitglied im Bürgerausschuss, Kirchenältester im Rat der evangelischen Lutherkirche, half bei der Finanzierung des Lazaretts, war einer der Sponsoren der Heizanlage in der Stephanskirche, brachte sich finanziell beim Gemälde in der Lutherkirche ein und war großer – und spendabler – Freund des Bismarckturms (siehe Geheimnis 28). „Er muss ein typischer Vertreter des Bürgertums gewesen sein, ein reicher Mann, der mit einem herrschaftlichen Gespann die Seestraße entlangfuhr, der aber auch in hohem Maße bereit war, sich vor Ort zu engagieren", sagt Bettina Schröm. Da sollte ihm wohl sein Wohnhaus in nichts nachstehen. Von 1908 bis 1912 ließ er die Villa ganz nach seinem Geschmack umgestalten. Dazu gehörte auch das riesige Fresko an der Außenwand, das er von August Groh, einem Professor an der Karlsruher Kunstgewerbeschule, anbringen ließ. Man kann wohl sagen, dass es von großem Selbstbewusstsein zeugt, als Zugezogener sein Haus mit einer so opulenten Malerei aus der Nachbarschaft herauszuheben.

Bettina Schröm kennt die Villa Prym in- und auswendig.

„Im Wesentlichen ist hier eine Jagdgeschichte dargestellt. Vom Hubertusmotiv des Hirsches über die Göttin Diana bis hin zu Jagdhörnern, Hunden und erlegten Tieren ist alles vertreten, was zu einer guten Jagd gehört", erklärt Bettina Schröm. Nur zwei Personen passen so überhaupt nicht dazu: Gustav Pryms Tochter Louise reitet reich geschmückt auf einem prächtigen Schimmel neben ihrem Mann, Wilhelm Friedrich Adolph von Goedecke. Die Hochzeit der beiden im Jahr 1902 scheint bei dem stolzen Vater also einen bleibenden Eindruck hinterlassen zu haben, stattgefunden hatte sie immerhin fast ein Jahrzehnt bevor Groh aufs Podest stieg und zum Pinsel griff. Vielleicht war es einfach nur der glühende Stolz eines Vaters, dessen Tochter einen Kommandanten der Burg Hohenzollern und Kompaniechef im Konstanzer Regiment 114 Kaiser Friedrich III. (siehe Geheimnis 30) geheiratet hatte, der sich so äußerte. Vielleicht versammelte Gustav Prym auch einfach gern seine Lieben um sich. Denn tatsächlich sind Louise und Wilhelm Friedrich Adolph nicht die einzigen Familienmitglieder im Fresko: Angeblich tragen auch alle anderen abgebildeten Personen Gesichter von Verwandten. Ob ein echter Hirsch für den im Fresko dargestellten Pate stand, ist nicht überliefert. Dass Gustav Prym ein Faible für die Jagd hatte, dagegen schon. Doch nicht nur deswegen wird er das Tier gemocht haben. Denn der stolze Hirsch ist außerdem das prym'sche Wappentier, allerdings trägt er als solches eine Nadel im Geweih.

Das hat seinen Grund: Gustav Prym war ein Kind der Kurzwaren-Dynastie Prym aus Stolberg. Unter anderem mit der sehr erfolgreichen Produktion von Ketten aus Messing, von Schnallen und Fingerhüten, Steck-, Haar- und Sicherheitsnadeln hatte er gegen Ende des 19. Jahrhunderts die Firma vorangebracht. Mit der technischen Entwicklung des Druckknopfes, für den die Pryms noch heute bekannt sind, hatte er jedoch nichts zu tun. Den hatte sich kein Prym, sondern ein Heribert Bauer 1885 in Stuttgart patentieren lassen. Der Federknopf-Verschluss war „dazu bestimmt, das Öffnen und Schließen der Herrenhosen mit Latz zu vereinfachen". Die Idee war zwar gut, die Umsetzung jedoch nicht: Bauers Knöpfe rosteten, klemmten oder gingen in den ungünstigsten Momenten auf. Da brauchte es schon die Pryms, um das Projekt gelingen zu lassen. 1903 baute Gustav Pryms Sohn Hans (1875–1965) eine elastische Feder im Druckknopf-Oberteil ein und begann mit der Serienproduktion. Der Erfolg ließ nicht auf sich warten und dauert bis heute an. Rund 15 Millionen Druckknöpfe stellen die Nachfahren von Gustav Prym inzwischen her – und das jeden Tag.

So geht's zur Villa Prym:

Die Villa Prym steht in der Seestraße 33. Das Fresko ist an der Außenfassade Richtung Bodensee angebracht.

Von seiner eigenen unternehmerischen Weitsicht und dem wirtschaftlichen Erfolg – vor allem durch den Einfallsreichtum seines Sohnes – profitierte Gustav Prym, als er 1910 aus der Firma ausstieg und sich am Bodensee in seiner Villa niederließ. An dem Fresko jedoch konnte er sich nicht lange freuen: Er starb 1917 im Alter von 78 Jahren, nur ein Jahrzehnt, nachdem er das Haus mit der prachtvollen Malerei hatte verzieren lassen.

Heike Thissen

23

Bananengässle

„So was haben wir hier nicht“

„Kaum einer, der nicht direkt in seiner Nähe wohnt, weiß, dass es in Konstanz ein Bananengässle gibt“, beteuert Konstanz’ Alt-Oberbürgermeister Dr. Horst Eickmeyer. Und in der Tat: Macht man die Probe aufs Exempel und fragt in der Stadt nach dem Weg zum Bananengässle, wird man manchmal sogar etwas misstrauisch beäugt und erhält dann sinngemäß die Antwort: „Bananengässle? So was haben wir hier nicht.“ Auch in aktuellen Stadtplänen ist dieses Gässle nicht zu finden. Und deshalb fristet das kleine Sträßchen am nördlichen Ufer des Rheins auch ein eher unbeachtetes Dasein. Zufällig entdecken wird man es kaum, denn es befindet sich hinter den Prachtbauten in der Seestraße, zu der es alle Flanierenden zieht. Und wie kommt das Sträßchen nun zu seinem exotischen Namen? Wollte man Konstanz zu noch mehr südlichem Flair verhelfen, als man es taufte? „Nein“, sagt Horst Eickmeyer lachend. „Es heißt einfach nur deshalb so, weil es so krumm ist wie eine Banane.“ In der Tat: Geht man das Bananengässle entlang, muss man einen Bogen laufen, der von der Zumsteinstraße abführt, und landet an seinem Ende wieder auf der gleichen Straße, nur ein paar Meter weiter unten. Das ist das ganze Geheimnis – denkbar einfach!

Eva-Maria Bast

So geht’s zum Bananengässle:

Das Bananengässle zweigt von der Zumsteinstraße ab.

Konrad Schatz vor einer der Goldscheiben in der Krypta.

Christusscheiben

Orientierung für die Schiffe

Manchmal kann man sie funkeln sehen. Vor allem dann, wenn die Sonne von einem wolkenlosen Himmel scheint und sich ihre Strahlen in ihnen verfangen. Dann grüßen die großen, runden Scheiben am Ostgiebel des Münsters glitzernd die Bewohner und Besucher der Stadt. „Über viele Jahrhunderte hinweg boten die Scheiben auch eine wichtige Orientierung für Schiffe", erzählt der ehemalige Münstermesner Konrad Schatz. „Denn bis Anfang des 17. Jahrhunderts reichte der Bodensee noch bis fast ans Münster heran. Und für die Schiffer war klar: Wo diese Scheiben funkeln, ist die Uferkante".

Die drei Goldscheiben: in der Mitte die Christusscheibe, links und rechts die Scheiben, die den Heiligen Konrad und Pelagius gewidmet sind.

Bei der größeren der Scheiben handelt es sich um die Konstanzer Christusscheibe, bei den kleineren um die Pelagiusscheibe, die Konradscheibe und eine vierte, die Johannesscheibe, die einen Adler zeigt. Was heute am Giebel des Münsters leuchtet, sind allerdings Repliken – die wertvollen Originale wurden längst an einen sichereren Ort verbracht, wo ihnen Wind und Wetter nichts anhaben können: Seit 1924 ruhen sie im Inneren des Münsters. Erst hingen sie über dem Südportal und 1975 fanden sie einen würdigen Platz in der Krypta, wo man sie noch heute bestaunen kann.

„Die originalen Scheiben haben lange dort oben gehangen, bevor man sie ins Innere des Münsters brachte", sagt Konrad Schatz. Der ehemalige Münstermesner erzählt, dass es eine – im Original allerdings verschwundene – Federzeichnung aus dem Jahre 1523 und einen Einblattdruck von 1544 gibt, die beide die Scheiben am Ostgiebel zeigen. Und wie sich auch heute die Besucher der Krypta dem Zauber der Scheiben nicht entziehen können, so blickten zu früheren Zeiten die Menschen verzückt an den Giebel. Gustav Friedrich Waagen nennt im Jahre 1848 im „Kunstblatt" die Goldscheiben „unbedingt das merkwürdigste Kunstdenkmal des ganzen Doms".

Und auch für Konrad Schatz sind die vergoldeten Kupferscheiben etwas ganz Besonderes. Immer wieder könnte er die Christusscheibe betrachten, auf der Christus die rechte Hand segnend hebt, während er in der linken ein Buch, vermutlich eine Bibel, hält. Zu seinen Seiten schweben zwei betende Engel. Die Scheibe mit der Abbildung des heiligen Konrad zeigt ihn mit Stab, Buch und Mitra, der Heilige Pelagius wird auf einer weiteren Scheibe mit einer Palme gezeigt, eine Hand hat er erhoben. Etwas abseits der drei Scheiben hängt die Adlerscheibe, die sich einstmals ebenfalls am Giebel befand. Warum neben Christus ausgerechnet die Heiligen Konrad und Pelagius auf den Scheiben dargestellt werden, ist nicht schwer zu erraten. Der heilige Pelagius ist schließlich nach Maria zweiter Kirchenpatron und Konrad ist Stadtpatron von Konstanz. Und Konrad von Konstanz (um 900–975) war in den Jahren 934 bis 975 Bischof im Bistum Konstanz. Seit 1123 wird er als Heiliger verehrt. Und der Adler, der die vierte Scheibe ziert? Er ist das Symbol des Evangelisten Johannes.

So geht's zu den Christusscheiben:

Die Repliken der Christusscheiben am Ostgiebel des Münsters sieht man besonders gut vom See aus. Die Originale befinden sich in der Krypta.

Wunderschön sind diese vergoldeten Kupferscheiben. Konrad Schatz weiß auch ganz genau, wie die Originale einst befestigt waren. „Man hat sie mit Eisennägeln auf dem Holz befestigt und dieses dann an die Mauer des Ostgiebels genagelt“, erzählt er. „Dass die Holzplatten im Jahre 1923 durch und durch morsch waren, mag mit ein Grund gewesen sein, warum man sie ins Innere des Münsters und später, 1975, gar in die Krypta brachte.“

Dort ruhen sie nun sicher. Und bezaubern mit ihrem Glanz jeden, der die Krypta betritt.

Eva-Maria Bast

25

Frank Ebner ist beeindruckt von der Geschichte des Kapitelhauses.

Kapitelhaus

Der einstige Brennpunkt Europas

Das Kapitelhaus auf der kleinen Insel vor Konstanz ist ein schlichter, rechteckiger Bau mit marodem Charme. Das wohl älteste Gebäude des ehemaligen Dominikanerklosters dient heute unter anderem als Wohnhaus für Angestellte des benachbarten Inselhotels und hat – jedenfalls was seine Außenfassade angeht – schon wesentlich bessere Zeiten gesehen. Daran, dass es vier Jahre lang einer der kirchlichen und weltlichen Brennpunkte Europas war, erinnert bestenfalls noch eine verwitterte Inschrift über dem Eingang. „Dabei hat sich auf den wenigen Quadratmetern der Insel Weltgeschichte abgespielt", verteidigt Frank Ebner das unscheinbare Gebäude und seine Umgebung. Er hat sich eingehend mit historischen Gasthäusern in Baden allgemein und mit dem Inselhotel im Besonderen beschäftigt.

„Um zu verstehen, wie wichtig dieser heute so unbedeutende Bau einmal war, muss man 600 Jahre in der Geschichte zurückgehen und sich diese vertrackte Situation vorstellen, die damals in der Kirche herrschte: Drei Päpste beanspruchten das Amt und die Macht des Heiligen Stuhls für sich und kämpften untereinander um Anhänger und Legitimation", holt Frank Ebner aus (siehe Geheimnis 33). Damals beschloss König Sigismund (1368–1437), das so genannte „Abendländische

So geht's zum Kapitelhaus:

Das Kapitelhaus steht auf der ehemaligen Klosterinsel links neben dem heutigen Steigenberger-Hotel und ist über die Brücke gegenüber dem Stadttheater zu erreichen.

Das Kapitelhaus hat schon bessere Zeiten gesehen.

Schisma“ und damit die Spaltung der Kirche auf einem Konzil auf neutralem Boden zu beenden. Neutral bedeutete in diesem Fall: außerhalb Italiens und Frankreichs. Schnell rückte die Stadt Konstanz und mit ihr das kleine Dominikanerkloster in den Fokus. „Das lag nahe, schließlich war einer der wichtigsten Diplomaten, Johannes Dominici aus Florenz (1355–1419), ebenfalls Dominikaner“, vermutet Ebner.

So kam es, dass während des Konstanzer Konzils (1414–1418) auf den wenigen, von Wasser eingeschlossenen Quadratmetern ausgerechnet die beiden Nationen untergebracht waren, die sich erbittert darum stritten, wer denn nun den richtigen Papst stellte: die Franzosen und die Italiener. Frank Ebner zeigt auf das Kapitelhaus: „Innerhalb dieser Mauern tagte die französische Nation, im heutigen Inselhotel die der Italiener“. Mit „Nation“ war die Delegation auf dem Konzil gemeint, die auch „Gallica“ oder „Gallicana“ hieß und die Interessen Frankreichs vertreten sollte. Doch die 400 Franzosen waren in ihren Reihen ähnlich gespalten zwischen den einzelnen Päpsten wie die Kirche an sich: Es gab sowohl Anhänger von Papst Benedikt XIII. von Avignon (1342–1423) als auch von Papst Johannes XXIII. von Pisa (1370–1419).

Eine Inschrift über der Eingangstür erinnert an die Vergangenheit des Gebäudes.

„So wurde das Kapitelhaus zum Brennpunkt der europäischen Geschichte. Hier kamen ja nicht nur die Franzosen zusammen. Vermutlich ging auch König Sigismund ein und aus, außerdem die anwesenden Päpste. Schließlich wollten ja alle eine Regelung finden“, sagt Ebner. Diese fanden sie auch, doch erst nach langem Ringen. Denn zunächst hatte Papst Johannes XXIII., der sich große Chancen ausgerechnet hatte, als einziger Papst aus dem Rennen hervorzugehen, im April 1415 versucht das Konzil mit seiner Flucht nach Schaffhausen zu sprengen. Er wurde gefasst und unterschrieb seine Abdankungsurkunde. Gregor XII. von Rom (1335–1417) musste weniger zur Resignation überredet werden: Am 4. Juli erklärte sein Bevollmächtigter den offiziellen Rücktritt. Papst Benedikt XIII. von Avignon zog sich mit einer kleinen Schar von Anhängern ins spanische Peñíscola zurück. Das hielt das Konzil jedoch nicht davon ab, ihn in Abwesenheit am 26. Juli 1417 für abgesetzt zu erklären. Die Spaltung der Kirche, das Schisma, war überwunden, der Weg frei für eine Neuwahl. Am 8. November desselben Jahres schlossen sich die 53 Wahlberechtigten im Kaufhaus am Hafen ein. Drei Tage später öffnete sich ein Fenster, „Habemus Papam“ (Wir haben einen Papst) war zu hören und der neue Papst wurde verkundet: der römische Kardinalsdiakon Oddo di Colonna (1368–1431), der sich von da an Papst Martin V. nannte. Am 22. April 1418 erklärte König Sigismund das Konstanzer Konzil für beendet – und das Kapitelhaus auf der Insel vor der Stadt fiel zurück in seinen ursprünglichen, gänzlich unpolitischen Status.

Heike Thissen

26

Oliver Dietrich steht auf dem ehemaligen Anlegesteg der „Komet". Im Hintergrund ist der zweite Steg neben dem Pulverturm zu sehen.

Anlegesteg

Per Komet-Express über den Seerhein

Wer heute in Konstanz trockenen Fußes das Rheinufer wechseln möchte, hat drei Möglichkeiten: die Alte Rheinbrücke, die Fahrradbrücke und die Schänzlebrücke. Doch ältere Konstanzer erinnern sich noch wehmütig an einen weiteren Weg über den Fluss, der weitgehend in Vergessenheit geraten ist: die „Komet". Nur ihre Anlegestege am linksrheinischen Pulverturm und am rechtsrheinischen „Waschplatz" halten die Erinnerung an jene Jahrzehnte wach, in denen man den Seerhein noch mit einer kleinen Fähre überqueren konnte.

Einer, der sich lebhaft an seine Aufenthalte auf den Stegen und die Überfahrten auf den Schiffen erinnern kann, ist Oliver Dietrich. Kein

Wunder: Der gebürtige Konstanzer führt in dritter Generation den Friseursalon am Rheinstrandbad in unmittelbarer Nähe zu einem der Anlegestege. Schon seine Eltern und Großeltern kümmerten sich am Seerhein um die neuesten Trends in Sachen Frisur. Die Anlegestege und erst die „Komet", später die „Niederburg" und immer wieder einmal die „Waller" waren ein fester Bestandteil ihres täglichen Lebens. „Ich bin in der Niederburg aufgewachsen und zur Schule gegangen, meine Eltern arbeiteten aber im Salon auf der anderen Rheinseite. Also bin ich jeden Tag mit der Fähre über den Fluss gefahren, um dort zu essen und meine Hausaufgaben zu machen. Abends ging es dann wieder auf demselben Weg zurück nach Hause", erzählt Oliver Dietrich.

Der zweite Landesteg steht noch heute direkt neben dem Pulverturm.

Bevor die „Komet" im August 1910 das erste Mal über den Rhein pendelte, ruderten die Männer der Bootsbauer-Familie Schroff Passagiere hin und her – mit nichts als purer Muskelkraft. Das hatte ihnen das Großherzoglich-Badische Innenministerium am 11. August 1892 genehmigt. Da kostete die Überfahrt noch fünf Pfennige und dauerte wegen der großen Zahl der Pendler und der kleinen Zahl der Boote – es gab nur zwei – nervenaufreibend lange. Mit dem Fährboot „Komet" ging es schneller. Doch weil es anfangs noch mit einem Benzinmotor ausgestattet war und Benzin wegen des Ersten Weltkrieges und diverser Engpässe teuer und rar war, musste der Betrieb immer wieder eingestellt werden. Nachtstrom hingegen war günstig, so dass die Stadt Konstanz, die den Schroffs das Boot abgekauft hatte, 1922 beschloss, für 100.000 Mark einen Elektromotor einbauen zu lassen. Es dauerte, bis sich das Geschäft finanziell lohnte, doch galt die „Komet" in ihren letzten Jahren als jenes unter den städtischen Motorbooten, das die besten Einnahmen erzielte.

So geht's zum Anlegesteg:

Auf der rechtsrheinischen Seite befindet sich der ehemalige Anlegesteg von „Komet“, „Niederburg“ und „Waller“ vor dem Parkplatz des Restaurants SeeRhein, (Spanierstraße 3). Auf der linksrheinischen Seite hielten die Schiffe am Steg unmittelbar neben dem Pulverturm.

Wenn die „Komet“ nicht fuhr, weil sie repariert werden musste, war die „Waller“ im Einsatz und pendelte zwischen den Anlegestegen. Das war Ende der 1950er-Jahre immer öfter der Fall. Da hatte die „Komet“ bereits fast 50 Jahre Dienstzeit hinter sich und transportierte noch immer für einen roten Fahrschein im Wert von 20 Pfennigen die Konstanzer und ihre Gäste vom Pulverturm zum Rheinstrandbad und zurück. Im Dezember 1960 übernahm die „Niederburg“, die so lange fuhr, bis 1991 die Fahrradbrücke fertiggestellt war und den Fährverkehr überflüssig machte.

Oliver Dietrich erinnert sich jedoch nicht nur an die Fähren, sondern auch an die Menschen, die sie steuerten. Besonders ist ihm ein Kapitän im Gedächtnis geblieben, der ihm und seinen Freunden im Sommer bei Fahrten mit wenigen Passagieren erlaubte, auf dem Dach der Rheinfähre mitzufahren und in der Mitte des Rheins von dort oben ins Wasser zu springen. „Das war für uns natürlich das Größte“, freut sich Dietrich noch heute, „leider weiß ich den Namen dieses Kapitäns nicht mehr. Das ist aber auch schon 50 Jahre her.“ Er ist überzeugt: „So ein kleines Boot über den Rhein würde sich auch heute noch lohnen. Natürlich wären die Leute bereit, dafür zu zahlen – auch, wenn es statt 20 Pfennigen heute wohl eher 50 Cent wären.“ Dann würden an den beiden Anlegestegen vermutlich auch wieder Passagiere Schlange stehen – und das ganz freiwillig.

Heike Thissen

27

Kündet von Tradition und Fortschritt: das goldene Rad am Drogeriemarkt Müller.

Goldenes Rad

Aufstieg, Niedergang und Wiederaufstieg

Das Emblem des goldenen Rades ist dort durchaus passend: Stolz und prächtig sitzt es an der Fassade des Drogeriemarkts Müller auf der Marktstätte und kündet von florierendem Handel. Zu tun haben die gut laufende Filiale und das Rad aber nichts miteinander: „Das Emblem“, erzählt Stadtführerin Dr. Gudrun Schnekenburger, „wurde vom Konstanzer Kaufmann Alfred Delisle angebracht, der das Gebäude im Mai 1905 ersteigerte.“

Zu jener Zeit befand sich hinter den Mauern des Gebäudes noch eine Schule, doch für die Schülerinnen sollte ohnehin ein neues Haus gebaut werden. Und bis dieses fertig war, durften die Mäd-

So geht's zum goldenen Rad:

Das goldene Rad befindet sich an der Fassade des Drogeriemarkts Müller, Marktstätte 13.

chen noch in den Räumlichkeiten auf der Marktstätte unterrichtet werden. Nachdem sie am 3. Mai 1911 ihr neues Schulhaus bezogen hatten, begann Delisle das Haus, das früher einmal das Postgebäude gewesen war, zum Geschäftshaus der Firma „Ernst Straub, Eisenwaren" umzubauen. Warum Ernst Straub, wenn der Käufer doch Alfred Delisle hieß? Die 1830 von Carl Delisle gegründete und ab 1861 von dessen Sohn August geführte Firma war 1869 an Mitarbeiter Ernst Straub veräußert worden. 1896 kaufte Alfred Delisle – ein Neffe von August Delisle – die Firma zurück, behielt aber den Namen Ernst Straub bei.

Das Ensemble mit dem goldenen Rad, dem Hammer und dem Eichenkranz habe die Leistungsfähigkeit der Kaufmannsfamilie Delisle zum Ausdruck bringen sollen, erzählt Gudrun Schnekenburger. „Das Rad kann man auch als Zahnrad lesen – was auf den technischen Fortschritt hinweisen soll. Und der Hammer stand für die Beziehung zu Handwerk und Gewerbe." Um das Rad herum liegt ein Kranz aus Eichenblättern. „Der Kranz aus Eichenlaub war schon im alten Rom als Bürgerkrone bekannt", weiß die Stadtführerin. „Nach der deutschen Reichseinigung 1871 gewann der Eichenkranz ganz besondere Beliebtheit als Zeichen für Mut, Bürgersinn, Solidarität und Standhaftigkeit."

Und so sei das Rad mit dem Hammer und dem Eichenkranz gleichermaßen als Zeichen eines finanzkräftigen Unternehmens der Jahrhundertwende zu verstehen, das seine Weltvernetzung und seinen Fortschritt zeigen wollte – das aber an die lange schon währende Tradition der Hauszeichen anknüpfte.

Doch nur wenige Jahre später sollte die rege Bautätigkeit der wilhelminischen Epoche und der imperialistische Stolz auf das Kolonialreich ein jähes Ende finden. Man zog als Verteidiger des Vaterlands mit stolzgeschwellter Brust in den Krieg. Auch die Firma Ernst Straub konnte ihre Leistungsfähigkeit durch den Ersten und Zweiten Weltkrieg hindurch nicht zur Gänze aufrecht erhalten, sie verlor im Laufe der beiden Kriege ihre Zweigniederlassungen.

Später übernahmen die Brüder Heinrich und Oskar Delisle die Firma ihrer Vorfahren – bis heute agiert das Unternehmen im Konstanzer Industriegebiet. Insofern ist das Emblem an der Marktstätte ein durchaus passendes Zeichen für diese widerstandsfähige Handelsfamilie, die die Firma durch Generationen hindurch führte.

Eva-Maria Bast

28

Diese Säule trug einst eine Feuerschale.

Feuersäulen

Dramatisches Licht am Bismarckturm

Der Konstanzer Bismarckturm ist ein beeindruckendes Bauwerk. Mit seinen 22,7 Metern auf dem 50 Meter hohen Raiteberg gilt er als höchster Aussichtsturm Baden-Württembergs. Wer sich ihm durch den Weinberg am Bismarcksteig nähert, ist so eingenommen von seiner Erscheinung, dass er die beiden Säulen zur Linken und Rechten übersieht. Sie sind zu unscheinbar und haben längst ihre Funktion verloren. Doch einst waren sie dafür da, dem Turm mit ihren Feuerschalen zu einer noch dramatischeren Erscheinung zu verhelfen und bei den Betrachtern einen bleibenden Eindruck zu hinterlassen.

Mit dem Bau des Turms waren die Konstanzer Anfang des 20. Jahrhunderts einem allgemeinen Trend gefolgt: Zur Erinnerung an den „eisernen Kanzler“ und „Schmied des Deutschen Reiches“ Otto von Bismarck (1815–1898) entstanden nach seinem Tod im ganzen Reich Denkmäler, die an ihn und seinen Mythos erinnern sollten. Ein wahrhafter „Denkmalkult“ war ausgebrochen, der darin gipfelte, dass die Deutsche Studentenschaft 1898 einen Aufruf startete: „(...) so wollen wir unserem Bismarck zu Ehren auf allen Höhen unserer Heimat, von wo der Blick über die herrlichen deutschen Lande schweift, gewaltige granitene Feuerträger errichten. Überall soll als ein Sinnbild der Einheit das gleiche Zeichen entstehen von ragender Größe, aber einfach und prunklos in schlichter Form auf massivem Unterbau.“ Die Sache mit dem Feuer war wichtig: Es waren einheitliche Gedenkfeuer für Bismarcks Geburtstag am 1. April und für die Sommersonnwende am 21. Juni geplant. Die lodernden Flammen sollten verkünden, dass Bismarck und sein Werk nicht vergessen sind.

Auch heute noch beeindruckend: der Bismarckturm auf dem Raiteberg.

Auch in Konstanz machte man sich früh Gedanken darüber, wie man Bismarck angemessen verehren könnte. Aber erste Versuche, das Geld für ein Denkmal zu sammeln, schlugen fehl: Die Spenden reichten nicht für das, was sich die Initiatoren unter einer würdigen Huldigung vorstellten. Es musste 1910 erst ein Auswärtiger kommen und der Sache auf den Sprung helfen: Kommerzienrat Gustav Prym aus Stolberg (1839–1917), der

So geht's zu den Feuersäulen:

Der Bismarckturm und seine Feuersäulen stehen auf dem Raiteberg. Etliche Fußwege führen hinauf, zum Beispiel vom Parkplatz nördlich des Hauptfriedhofs in der Straße „Am Pfeiferhölzle", über den Bismarcksteig oder den Raitebergweg.

sich in einer beeindruckenden Villa an der Konstanzer Seestraße niedergelassen hatte (siehe Geheimnis 22), stiftete eine große Summe. Anstatt dem Siegerentwurf aus dem Aufruf der Deutschen Studentenschaft zu folgen, beauftragte er den Architekten Georg Wikkop mit dem Entwurf samt Modell. Ein weiterer Spendenaufruf erging an die Konstanzer, dieses Mal mit Erfolg: „Männer und Frauen von Konstanz und des weitesten Seekreises! Tut Euere Hand auf, bringt Euere Gaben nach Eueren Kräften, auch das kleinste Scherflein ist willkommen, um mitzuhelfen, eine alte Ehrenschuld abzutragen. (...) die heutige und die kommende Generation wird das Erinnerungszeichen an ‚unseren Bismarck' hoch in Ehren halten und wenn sein Flammenzeichen auflodert, den Schwur erneuern: ‚Über Alles das Vaterland!'" Ehrenbürger Ferdinand Graf von Zeppelin (1838–1917) sandte eine 1000-Mark-Note und auch viele andere Konstanzer taten, was in ihrer Macht stand.

So konnten Pryms Pläne in die Tat umgesetzt werden: Der Turm aus Beton erhielt eine beeindruckende Befeuerungsanlage mit sechs Feuerpfannen und zwei weiteren auf den Postamenten links und rechts der Treppe zur Terrasse. Am 18. Oktober 1912 fand die feierliche Einweihung statt. Seither sind mehr als hundert Jahre vergangen. Der Bismarckturm steht trutzig wie eh und je. Doch die Säulen, die das wichtige Feuer trugen, haben von ihrer Wirkung so viel eingebüßt, dass man sie kaum noch wahrnimmt.

Heike Thissen

29

Romantisch wirkt dieses kleine Backsteinhäuschen. Doch derjenige, der einst an diesem Platz wohnte, lebte gefährlich.

Hafenhäuschen

Wo der Lukenmann einst wohnte

Wer würde nicht gern dort wohnen, in dem kleinen, reizenden Backsteintürmchen, das am Ende eines Stegs im Konstanzer Hafen liegt und einen paradiesischen Ausblick auf den See bietet? Gut, um dort zu leben, ist es vielleicht ein bisschen klein, aber ein hübsches Wochenendhäuschen wäre es allemal. Wenn man mit dem Bewundern dieses kleinen Bauwerks fertig ist, dann kommt man ins Grübeln und fragt sich, was es mit ihm denn wohl auf sich hat. Der Chronist der Bodenseeschifffahrt, Karl F. Fritz, kennt die ursprüngliche Bestimmung des Häuschens. Und er weiß auch, dass es keineswegs idyllisch war, dort zu wohnen. „Bevor dieses Backsteinhäuschen gebaut wurde, stand dort ein Fachwerkturm", sagt Karl F. Fritz. „Man nannte ihn damals ‚Lukenhäusle', und er diente seit dem 17. Jahrhundert und bis in die erste Hälfte des 19. Jahrhunderts als Leuchtturm", erzählt er. Bis zum Jahre 1839 sei der Konstanzer Hafen nur durch eine im 12. Jahrhundert entstandene Palisaden-

So geht's zum Hafenhäuschen:

Der kleine Backsteinturm befindet sich am Konstanzer Hafen, hinter dem Bahnhof, rechts der Imperia.

wand geschützt gewesen, die aber bei starkem Ostwind keinen ausreichenden Schutz geboten habe. Die Anlegestellen für die Segelschiffe hätten sich damals am so genannten Hafendamm vor dem Konzilgebäude und im Bereich des heutigen Gondelhafens befunden.

„Im Lukenhäusle hat der so genannte Lukenmann mit seiner Familie gewohnt", sagt Fritz. „Der Lukenmann, ein städtischer Bediensteter, war nicht nur für die ausreichende Beleuchtung der Hafeneinfahrt, sondern auch für die ordnungsgemäße Abwicklung des Schiffsverkehrs zuständig." Unheimlich muss es im Lukenhäusle gewesen sein, wenn sich der Nebel in dicken Schwaden über den See legte und das Häuschen in sich einschloss. Bei solcher Witterung geschah es dann auch, dass der württembergische Dampfer „Kronprinz" am 22. November 1839 in voller Fahrt gegen das Lukenhäusle prallte. „Verletzt wurde zum Glück niemand, und die Familie des Lukenmanns kam mit einem Schrecken davon", sagt Karl F. Fritz. Dennoch wurde das Lukenhäusle abgerissen, der Lukenmann und seine Familie mussten sich ein anderes Heim und eine andere Arbeit suchen. „Man wollte das Lukenhäuschen ohnehin abreißen", erzählt Karl F. Fritz. „Die Dampfschifffahrt kam auf und der Hafen wurde ausgebaut. Und da brauchte man keinen Lukenmann mehr."

Dort, wo das kleine Lukenhäuschen stand, wurde um 1890 der kleine Backsteinleuchtturm gebaut, der heute, wie Fritz erzählt, dem Deutsch-Schweizerischen Motorboot-Club als Vereinsheim dient. Er übernahm zeitweise die Aufgaben des größeren Leuchtturms, der gegenüber steht. Doch das ist ein anderes Geheimnis, das wir bereits auf Seite 54 gelüftet haben.

Eva-Maria Bast

30

Auf dem Riesenberg steht, weitgehend unbeachtet, die 114er-Kapelle.

114er-Kapelle

Im Gedenken an die Kameraden erbaut

Auf dem Konstanzer Riesenberg gibt es einen beinahe meditativen Ort. Oben auf seiner Kuppe öffnet sich mitten im Wald eine Lichtung, die eine völlig andere Perspektive auf Konstanz erlaubt als

Klaus Schöner blickt auf die Namen von 3200 Soldaten des 114er-Regiments, die im Ersten Weltkrieg starben.

die gängigen Aussichtspunkte. Früher einmal, bevor die Bäume in den Himmel wuchsen und sich das Gebüsch verdichtete, war dieser Platz von vielen Seiten aus einsehbar, und die Kapelle, die noch heute auf ihm steht, strahlte in ihrem Weiß Richtung Stadt. Inzwischen ist das anders, weswegen sich nur wenige Spaziergänger nach hier oben verirren. Die meisten von ihnen wissen nicht, dass das kleine Gotteshaus an längst vergangene Zeiten erinnert. Nämlich an die Zeiten, in denen Konstanz noch Garnisonsstadt war. Denn die 114er-Kapelle auf dem Riesenberg hält das Gedenken an all jene Soldaten aufrecht, die mit dem „6. Badischen Infanterieregiment Kaiser Friedrich III. Nr. 114“ in den Ersten Weltkrieg zogen und nicht wieder nach Hause zurückkehrten.

„Seit 1886 war die Garnison in Konstanz stationiert, erst in der Klosterkaserne und später in der Jägerkaserne“, sagt Klaus Schöner. Er kümmert sich gemeinsam mit dem Verein „Traditionsgemeinschaft der ehemaligen Garnisonsstadt Konstanz“ unter anderem um den Erhalt des kleinen Gotteshauses. „Die 114er waren im Ersten Weltkrieg vor allem in Frankreich eingesetzt.“ Zwischen der ersten Mobilmachung am 2. August 1914 und dem Telegramm der Obersten Heeresleitung vom 11. November 1918: „11.15 Uhr deutsche Zeit Feindseligkeiten einstellen. Vordere Linie darf feindwärts nicht überschritten werden“, ließen mehr als 3000 „Seehasen“ ihr Leben auf den Schlachtfeldern der Westfront. Die überlebenden Soldaten des – nach seinen Uniformen benannten – „grünen Regiments“ wurden am 12. Januar 1919 feierlich empfangen. Die ganze Stadt war auf den Beinen. „Der Marsch glich trotz der schweren Zeit einem Triumphzuge“, hielt der Chronist Joseph Laible in seiner „Geschichte der Stadt Konstanz“ fest.

So geht's zur 114er-Kapelle:

Die Kapelle auf dem Riesenberg erreicht man mit dem Auto, indem man von der Friedrichstraße kommend auf der Universitätsstraße weiterfährt und bei erster Gelegenheit links abbiegt. Die zweite Abzweigung nach links (die erste ist eine Sackgasse) führt den Berg hinauf zur Kapelle. Zu Fuß erreicht man die Kapelle über einen relativ steilen Waldweg, der rechts des Parkhauses am „Pfeiferhölzle“ am Waldrand vorbeiführt und rechts den Berg hinauf abzweigt.

Acht Jahre nach Kriegsende begannen die Kameraden mit der Planung einer Kapelle, die an die Gefallenen erinnern sollte. Als Standort bot sich der Riesenberg an, und zwar in der Nähe der Schießanlagen im „Pfeiferhölzle“, wo die Soldaten vor dem Krieg alle zusammen das Schießen erlernt und geübt hatten (siehe Geheimnis 40). Am 30. August 1925 konnte die Kapelle eingeweiht werden. Mit dabei waren nicht nur die Überlebenden, sondern – im übertragenen Sinne – auch alle, die ihr Leben unter anderem auf den Feldern von Verdun gelassen hatten. Denn im Innern des Kirchleins wurden die Namen der 3200 114er-Kameraden in Eichenholz eingekerbt, die nicht aus dem Krieg zurückgekommen waren. Im SÜDKURIER war Jahrzehnte später in einem rückblickenden Beitrag zu lesen: „Tausende Menschen drängten sich am Hang des Riesenberges und im Walde auf seinen Höhen, als nach einem Festgottesdienst die vom bekannten Architekten Professor Dr. Ing. Karl Gruber (auch einem 114er) geschaffene Gedächtniskapelle auf dem

Riesenberg eingeweiht wurde.“ 48.261,93 Mark hatte das Denkmal auf dem Riesenberg gekostet, wovon am 31. Dezember 1927 noch 9381 Mark ausstanden – das jedenfalls ist im „Seehasen“, dem Nachrichtenblatt der Kameradschaft der ehemaligen 114er und 14er, von 1967 nachzulesen. Erst fünf Jahre nach der Einweihung war die Kapelle endlich bezahlt. Sowohl überlebende Kameraden als auch die Stadt und private Spender hatten ihren Beitrag geleistet. Außerdem spielte die Regimentskapelle etliche Sonderkonzerte und trug mit zur Schuldentilgung bei.

Fast 100 Jahre später ist von der einstigen Popularität des Platzes nichts mehr zu spüren. „Obwohl ich in der Konstanzer Innenstadt aufgewachsen bin, habe ich von der Kapelle auf dem Riesenberg erst Anfang der 1980er-Jahre erfahren“, erinnert sich Klaus Schöner. „Dass die Kapelle weitgehend in Vergessenheit geraten ist, ist aber wohl eine Entwicklung der vergangenen Jahrzehnte.“ Bis Mitte des vorigen Jahrhunderts hätten dort oben auf dem Riesenberg noch Gottesdienste stattgefunden, die gut besucht gewesen seien. Das 114er-Regiment war damals noch tief im Gedächtnis der Stadt verankert.

In jenen Jahren, als die Kapelle noch regelmäßig geöffnet war, konnten Besucher auch das berührende Altarbild sehen, das heute meist hinter verschlossenen Türen verborgen bleibt. Der Freiburger Hans Franke wollte damit die beiden Motive „Kameradentreue“ und „Opfertod“ vereinigen: Unter einem nächtlichen Sternenhimmel kauert ein Soldat vor einem brennenden Haus, im Schoß hat er den Kopf seines gefallenen Kameraden. „Bleib du im ew’gen Leben, mein guter Kamerad“, gibt er ihm mit auf den letzten Weg. Das Zitat aus dem Lied „Der gute Kamerad“ (Text: Ludwig Uhland, 1809, Vertonung: Friedrich Silcher, 1825) galt für alle 3200 Soldaten, deren Namen um den Altar herum an den Wänden angebracht sind.

Heike Thissen

Der spektakuläre Spazierstock.

31

Malhaus

Reisefreudiger Schwiegervater

In welchem Zusammenhang steht die Malhaus-Apotheke mit einem spektakulären Spazierstock im Stadtarchiv und dem ehemaligen Stadtrat, Botaniker, Denkmalschützer und Gründer des Rosgarten-Museums, Ludwig Leiner (1830–1901)? Die Antwort auf diese Fragen findet sich, wenn man das Leben des Ludwig Leiner etwas genauer betrachtet. Drei Jahre bevor der kleine Ludwig das Licht der Welt erblickte, kaufte sein Großvater Johann Evangelist Leiner für seinen Sohn Franz Xaver Leiner (1804–1846) die Apotheke zum Malhaus. Franz Xaver Leiner betrieb sie

Norbert Fromm in der Malhaus-Apotheke.

bis zu seinem Tod mit viel Herzblut. „Ludwig Leiner interessierte sich wie sein Vater und sein Großvater sehr für die Natur im Allgemeinen und die Botanik im Besonderen“, sagt Norbert Fromm vom Stadtarchiv, selbst ein begeisterter Naturforscher. Im Jahr 1844 trat Ludwig 14-jährig seine Lehre in der väterlichen Apotheke an und besuchte nebenher als Gastschüler das Lyceum. Doch dann, es war im März 1846, starb sein schwer kranker Vater. Fünf Jahre später begann der Konstanzer Ludwig Leiner sein Studium der Pharmazie an der Ludwig-Maximilians-Universität in München und legte sein Staatsexamen im Folgejahr mit Auszeichnung ab. Zurück in Konstanz übernahm er die Leitung der väterlichen Apotheke und heiratete Thekla Baur (1833–1896). Nun kommt auch der Spazierstock ins Spiel. Den brachte nämlich Ludwig Leiners Schwiegervater Karl Baur mit, ebenfalls Apotheker und begeisterter Botaniker. Und zwar von einer ganz außerordentlichen Reise, die er im Jahr 1872 unternahm: Er reiste nach Peru. „Damals gab es den Panamakanal nicht, er musste also um das Kap Horn herum und das war und ist eines der stürmischsten Meeresgebiete überhaupt“, weist Norbert Fromm auf den gefahrvollen Reiseweg des Karl Baur hin. Sehr hohe Wellen habe der reiselustige Konstanzer sicherlich aushalten müssen, vermutet der Historiker. Da das Ziel Karl Baurs im Landesinneren von Peru lag, musste er vom Hafen aus zusätzlich einen weiten Weg zurücklegen, bis er dort ankam. „Die Weg-

> **So geht's zur Malhaus-Apotheke:**
>
> Die Malhaus-Apotheke steht in der Paradiesstraße 1.

verhältnisse waren damals nicht so toll, ich vermute, dass er mit dem Pferd oder mit dem Maultier unterwegs war. Solche Strapazen nimmt man nur auf sich, wenn man ein begeisterter Sammler und Forscher ist", kommentiert Nobert Fromm. Und der Spazierstock? Den brachte Karl Baur von dieser Reise mit. Genauer gesagt ist es kein Spazierstock, sondern ein Ast in der Form eines Spazierstocks und „den hat er nicht abgeschnitten, weil er einen Spazierstock brauchte, sondern als Belegexemplar", erklärt Fromm. Denn der Ast stamme von einem Chinarindenbaum. Die Rinde dieses Baumes sei damals das einzige Mittel gegen Malaria gewesen und war deshalb für einen Apotheker hochinteressant. „Malaria", sagt Fromm, „war ja sehr weit verbreitet. Um diese Zeit gab es in Italien noch die pontinischen Sümpfe, die hat erst Mussolini trockengelegt, schon in der Umgebung von Rom kam Malaria noch häufig vor." Bis nach Konstanz drang die Tropenkrankheit zwar nicht vor, aber für den Apotheker war der Stock dennoch interessant. Beim Auflösen eines privaten Nachlasses fiel der Stock an die Stadt und ruht nun im Stadtarchiv. Und die Ausstattung der Malhaus-Apotheke besteht tatsächlich noch aus dem Leiner'schen Interieur mit seiner prachtvollen Holzschnitzerei. Was Norbert Fromm sehr freut: „Ich finde es wirklich toll, dass das erhalten geblieben ist."

Eva-Maria Basl

32

Gastronom Manfred Hölzl steht auf dem Dach der Patronentasche.

Patronentasche

Umgeschnallt wie ein Accessoire

Den Konstanzern ist der Anblick sehr vertraut. Deswegen fällt ihnen kaum noch auf, dass der östliche Anbau am Konzilgebäude eigentlich überhaupt nicht zum Rest passt. Das Bild hat sich einfach zu sehr eingeprägt, schließlich kommt kaum eine Konstanzer Stadtansicht ohne den markanten Bau aus. Dass sich die Einheimischen vor rund 200 Jahren sehr wohl daran störten, zeigt der wenig schmeichelhafte Name, den er unter alteingesessenen Konstanzern noch heute trägt: Patronentasche.

Das geduckte Gebäude neben dem imposanten Kaufhaus scheint also doch als Fremdkörper wahrgenommen worden zu sein. Manfred Hölzl, Geschäftsführer der Konzilgaststätten, vermutet, dass der Spitzname etwas mit der Optik des Anbaus zu tun hat: „Vor 200 Jahren war noch alles militärisch geprägt, auch die Sprache. Da hat wohl jemand das Konzilgebäude als Soldaten betrachtet und den Anbau als Patronentasche, die dieser sich mit seinem Gürtel um die Hüfte geschnallt hat." Der aus der Militärsprache entliehene Name entbehre aber jeder historischen Grundlage: „Hier wurden nie Pulver oder Waffen gelagert. Das Einzige, was das Gebäude einmal mit Krieg zu tun hatte, ist, dass hier Ende des Ersten Weltkrieges ein Lazarett untergebracht war", wundert sich der Gastronom, der seit 1982 in dem Haus arbeitet.

So geht's zur Patronentasche:

Der Anbau, der „Patronentasche" genannt wird, befindet sich am Konzilgebäude Richtung Bodensee.

Wie ein Accessoire schmiegt sich der Anbau an das Konzilgebäude.

Dafür, dass es die Patronentasche überhaupt gibt, ist das liebe Geld verantwortlich. Oder vielmehr: das Fehlen von Geld. Vom Baujahr 1388 an hatte das Gebäude jahrhundertelang als Warenlager, Leinwandbörse und Verkaufsstelle für die nach Norden reisenden Lombarden gedient – mit Ausnahme einiger Tage im November 1417, als im oberen Saal mit Martin V. (1368–1431) der einzige Papst auf deutschem Boden gewählt wurde (siehe Geheimnisse 25 und 33). Doch im Jahr 1836 wurden bei der Besitzerin – der Stadt Konstanz – die Mittel knapp und sie war gezwungen, den Zoll im Kaufhaus einzuquartieren. Das Überwachungsgebäude, das zu diesem Zweck an der östlichen Gebäudeseite Richtung See erbaut wurde, trug schon bald den kuriosen Spitznamen „Patronentasche". Anfang des 20. Jahrhunderts machte der Feuerschutz einige Veränderungen am und im Gebäude nötig, der Anbau jedoch durfte bleiben. So kann man hier seit 1912 in hervorragender Lage auf der Terrasse sitzen, essen und trinken und den Blick auf den Bodensee genießen. Man mag den Anbau schön finden oder nicht – mindestens zwei Mal im Jahr, zu Silvester und am Seenachtfest, sind die Konstanzer froh, dass es ihn gibt. Denn dann gehört das Dach der Patronentasche zu den Plätzen mit der schönsten Aussicht auf das Feuerwerkspektakel.

Heike Thissen

33

Man sieht sie kaum: Die Stellen, an denen die Kanzeln einst befestigt waren.

Mittelschiffsäulen

Streit um das Amt des Papstes

Betrachtet man die vorderen Mittelschiffsäulen der Südreihe und der Nordreihe im Konstanzer Münster genauer, dann entdeckt man etwas Merkwürdiges. An beiden Säulen befinden sich hellere, sehr gerade verlaufende Einschlüsse. Und an beiden Säulen sind diese Einschlüsse auf gleicher Höhe. Der ehemalige Münstermesner Konrad Schatz weiß, was es damit auf sich hat: „Hier waren einst Kanzeln angebracht, von denen während des Konzils die Rede und die Gegenrede gehalten wurden." Das von König Sigismund einberufene Konstanzer Konzil fand in den Jahren 1414 bis 1418 statt. Es hatte viele Ziele, Hauptziel war aber, das abendländische Schisma – die Spaltung innerhalb der Kirche – zu beenden. Denn als König Sigismund sein Amt antrat, gab es drei Päpste, die alle auf eine Heerschar von Unterstützern zurückgreifen konnten: Gregor XII., Benedikt XIII. und Johannes XXIII. Wie war es dazu gekommen, dass drei Päpste sich um ein Amt stritten?

Es begann eigentlich schon im Jahr 1305, als ein vorwiegend französisches Kardinalskollegium mit dem Erzbischof von Bordeaux einen Franzosen zum Papst ernannte: Clemens V.. Dieser Vertreter Gottes auf Erden verlegte seine Residenz vom italienischen Rom ins französische Avignon – und das dauerhaft. Die kirchliche Autonomie gestaltete sich in Avignon nun aber wesentlich schwieriger als in Rom – was dazu führte, dass Papst Clemens V. und seine Nachfolger in Abhängigkeit von der französischen Krone gerieten. Gern sah man es in Rom freilich nicht, dass Avignon immer mehr zur Papstresidenz ausgebaut wurde. Zwei Jahre vor seinem Tod kehrte ein Nachfolger von Clemens V., Papst Gregor XI., deshalb 1376 nach Rom zurück. Grund zum Jubeln für die Römer – doch auch Grund zur Sorge: Als Gregor zwei Jahre später das Zeitliche segnete, hatten sie Angst, sein Nachfolger könne den Papstsitz in Rom gleich wieder aufgeben. Denn dass der neue Papst Franzose werden würde, war sehr wahrscheinlich, immer noch dominierten die französischen Kardinäle das Kollegium. Die Papstwahl war ein reines Drama: Am Tag vor der Wahl verschafften sich bewaffnete römische Bürger Zutritt zum Konklave und verlangten, dass ein Römer zum Papst gewählt werden solle. Die unter Druck stehenden Kardinäle entschieden sich schließlich für den Erzbischof des italienischen Bari, Bartolomeo Prignano. Doch der war kein Römer und die Bürger der Stadt, die am Wahltag nochmals ins Konklave eindrangen, hätten sich mit der Wahl eines Nichtrömers, selbst wenn er Italiener war, wohl nicht zufriedengegeben. Man wusste sich zu helfen und tat öffentlich kund, den Seniorkardinal Tebaldeschi zum Papst gewählt zu haben. Erst einen Tag später gestand man ein, dass Bartolomeo Prignano als Urban VI. das Papstamt antreten würde. Doch mit Urban VI. waren viele Kardinäle nicht lange glücklich. Schnell war er ob seines Führungsstils äußerst umstritten. Für die französischen Kardinäle war nun die Tatsache, dass die Wahl unter dem Druck der römischen Bürger stattgefunden hatte, willkommener Anlass, die Entscheidung anzufechten. Außerdem, so die Argumentation der französischen Kardinäle, sei Urban VI., wie man inzwischen bemerkt habe, „incapax", sprich: unfähig, und dazu noch geisteskrank. Im August 1378 wurde Urban VI. abgesetzt. Der jedoch ließ sich das nicht gefallen: Er ernannte 29 neue Kardinäle, wodurch das Kollegium erheblich vergrößert wurde. Die alten Kardinäle, darunter inzwischen auch italienische, protestierten, verließen den päpstlichen Hof und wählten Robert von Genf zum Papst Clemens VII. Eine lange Vorgeschichte endete mit der Spaltung der Kirche, dem so genannten Schisma, und in dem Kampf zweier Päpste um die kirchliche Macht. Das Abendland teilte sich unter den beiden Päpsten auf: Frankreich, England und Spanien bekannten sich zu Clemens VII. als rechtmäßigem Papst. Im Deutschen Reich schlugen sich Kaiser Karl IV. und auch sein Nachfolger Wenzel auf die Seite Urbans VI. Auch Schottland und

So geht's zu den Einschlüssen an den Mittelschiffsäulen:

Die Stellen, an denen die Kanzeln befestigt waren, befinden sich an den vordersten Mittelschiffsäulen im Konstanzer Münster.

Ungarn gehörten zu den Anhängern Urbans. Die Folge: Die Päpste waren in der Hand der jeweiligen Fürsten. Hätten sie nicht so gehandelt, wie die weltlichen Herrscher es wünschten, hätten diese schlichtweg zur anderen Obödienz, sprich, zur anderen Papstanhängerschaft, wechseln können. Natürlich blieb es auch nicht aus, dass es zwischen den Obödienzen kriegerische Auseinandersetzungen gab.

Dass dieser Zustand nicht haltbar war, zeichnete sich immer deutlicher ab. Die Pariser Universität schlug schließlich als eine von vielen Möglichkeiten zur Beendigung des Schismas die Einberufung eines Konzils vor. Das war aber noch nicht das Konstanzer Konzil. Bis dieses schließlich tagte, sollte sich die Situation nochmals verkomplizieren: Zunächst tagte man im Jahre 1409 in Pisa. Das Konzil enthob die mittlerweile gewählten Nachfolger Benedikt XIII. (Avignon) und Gregor XII. (Rom) ihres Amtes und setzte Alexander V. ein. Sein Nachfolger wurde Johannes XXIII. Wäre damit alles gut gewesen, hätte das Konzil in Konstanz vielleicht nie stattgefunden. Es wären keine 50.000 bis 70.000 Konzilbesucher in die Stadt gekommen, das einstige Kaufhaus wäre nicht in „Konzil" umbenannt worden und auch die Imperia, die die Lust der Geistlichkeit auf durchaus fleischliche Freuden während des Konzils darstellen soll – es arbeiteten am Konzil unzählige Dirnen – würde den Ankommenden heute nicht entgegenstrahlen.

Doch Benedikt XIII. und Gregor XII. ließen sich nicht so einfach absetzen. Und deshalb war das Ergebnis des Pisaer Konzils, dass es jetzt drei statt zwei Päpste – mitsamt ihren Anhängerschaften – gab. Also fand sich auf maßgebliche Initiative von Kaiser Sigismund 1414 in Konstanz ein neues Konzil zusammen. Johannes XXIII. ging eigentlich davon aus, dass das Konzil ihn in seinem Amt bestätigen würde. Schließlich waren zahlreiche Italiener unter den Wahlberechtigten und die meisten standen nun nicht mehr auf der Seite Gregors XII. Doch dann wurde beschlossen, dass künftig nicht mehr jeder Teilnehmer, sondern nur noch jede Nation eine Stimme haben sollte. Und da brachte Johannes XXIII. die Majorität der Italiener freilich nichts mehr. Doch es kam gar nicht zur Wahl zwischen den drei Päpsten. Man entschied sich schließlich dafür, sie alle drei abzusetzen und einen neuen Papst zu wählen. Johannes XXIII. erkannte, dass seine Chancen nicht allzu gut standen, und musste außerdem Angst haben, dass man wegen diverser Verfehlungen gegen ihn prozessieren werde. Deshalb floh er am 20. März 1415. Kaiser Sigismund schickte ihm Truppen nach, die ihn verhafteten und nach Konstanz zurückbrachten, wo er im Mai 1415 abgesetzt wurde. Blieben noch Gregor XII., der seiner Absetzung bald zustimmte, und Benedikt XIII., der nach einigen Wirren nach Peñíscola floh. Weil er die Resignation verweigert hatte, machte man auch ihm den Prozess und er wurde am 26. Juli 1417 seines Amtes enthoben. Am 8. November 1417 begann die Papstwahl. Neuer Papst wurde der Italiener Oddo di Colonna, der sich Martin V. nannte. Das Schisma war beendet.

Beim Konzil ging es freilich nicht nur um die Papstwahl, sondern unter anderem auch ums Ketzertum. Der Prager Reformator Jan Hus wurde 1415 verhaftet, im Konstanzer Münster verurteilt und anschließend verbrannt (siehe Geheimnis 10). „Bei all diesen Prozessen um die Päpste und um Jan Hus dürfte von den Kanzeln eifrig Gebrauch gemacht worden sein", vermutet Konrad Schatz. 600 Jahre sind inzwischen vergangen, und während Konstanz im Jahr 2014 zum großen Konzilsjubiläum einlädt, schlummern diese kleinen Relikte, die an erbitterte Wortgefechte erinnern, weitgehend in Vergessenheit.

Eva-Maria Bast

34

Die Bibliothek passt architektonisch nicht zum Rest der Hochschule. Kein Wunder: Hier wurden bis Ende der 1980er-Jahre noch Tiere geschlachtet.

Ehemaliger Schlachthof

Von der Fleischerbank zum Bücherregal

Markerschütterndes Tiergebrüll statt konzentrierter Stille. Bedrückende Enge statt luftiger Weite. Blutrotes Wasser statt glasklarem Rhein. Es gehört eine ganze Menge Fantasie dazu, sich an diesem Ort in die Zeit vor rund 130 Jahren zurückzuversetzen. Und doch gehören diese Gegensätze zur Geschichte des Gebäudes, das an einen oberitalienischen Gutshof erinnert. Denn mehr als ein Jahrhundert hat es als städtisches Schlachthaus gedient und wird heute von der Konstanzer Fachhochschule als Bibliothek genutzt.

„Das muss man sich mal vorstellen: Viele Jahrzehnte lang haben hier Studenten in unmittelbarer Nähe zu den Schlachttieren gelernt", sagt Hochschul-Pressereferent und Historiker Dr. Adrian Ciupuliga rückblickend. Der Schlachthof war zuerst da: Seit 1879 stand er in strategisch günstiger Position am Rheinufer. „So konnten die Kutteln direkt vor der Haustür im Fluss gewaschen werden – nach modernen Hygienevorschriften undenkbar", erklärt Ciupuliga. Und auch sonst habe Ende des 19. Jahrhunderts so einiges im Schlachthaus nicht den heutigen Anforderungen entsprochen. „Im Stadtarchiv habe ich einen Brief des Schlachthausdirektors Ritter vom 24. Februar 1896 gefunden, der die Zustände damals gut beschreibt", sagt der Historiker schmunzelnd. Ritter schildert darin einen Unfall, der sich am Hauptschlachttag für Schweine ereignet hat. „Außerdem müssen während der Schlachtung die Fenster und Thüren des Schlachthauses geschlossen bleiben, damit das Geschrei der Tiere nach der Umgebung verschwindet oder tunlichst abgeschwächt werde. Infolge dessen sammelt sich der Dampf vom Brühkessel stark in genanntem Lokal an, so daß man einander kaum mehr erkennt. So kam es vor, daß während der eine Metzgerbursche sich mit dem Ausnehmen von Eingeweiden beschäftigte, ein anderer Bursche ein Schwein mit der Holzkeule betäuben wollte, statt letzteres einen daneben stehenden Burschen, der eine verkehrte und gebückte Stellung annahm auf den Kopf schlug, so daß dieser statt dem Schweine bedenklich betäubt worden ist." Vor seinem Abschiedsgruß bat Schlachthausdirektor Ritter noch um eine größere Schlachthalle und um einen Dampfabzug. Dabei hatte der städtische Schlachthof bei seiner Erbauung durchaus den Anforderungen der damaligen Zeit entsprochen und als hochmoderne Anlage gegolten. Doch bereits 30 Jahre später hielt das Gebäude in hygienischer, räumlicher und technischer Hinsicht nicht mehr das, was es einmal versprochen hatte.

Widderköpfe erinnern im Innern an die ehemalige Nutzung des Gebäudes.

So geht's zum ehemaligen Schlachthof:

Heute befindet sich im ehemaligen Schlachthof die Bibliothek der Konstanzer Hochschule für Technik, Wirtschaft und Gestaltung. Sie steht am Rheinufer am Wintererster steig.

Das war genau zu der Zeit, als 1911 die Wachtel'sche Lehranstalt – der Vorgänger der heutigen Hochschule – an den Seerhein umzog. Erst bestand noch gebührender Abstand zwischen beiden Gebäuden, doch die Hochschule brauchte im Laufe der Jahrzehnte immer mehr Platz, so dass sich in den 1980er-Jahren Studenten und Schlachtvieh auf demselben Gelände bewegten. Die Studierenden störten sich sehr an dieser Nachbarschaft, wie einer Hochschulzeitschrift von 1983 zu entnehmen ist: „Zur Sommerszeit reißen die Studenten mitten in der Vorlesung die Fenster auf, um dem fröhlichen Gequieke der Schweine und dem Gebrumme des Hornviehs zu lauschen und den berauschenden Duft der Kaldaunen (Eingeweide) begierig einzusaugen."

Zwar wurde das Schlachthof-Gebäude immer wieder renoviert und den aktuellen Standards angepasst. Doch die Proteste der Studenten erklangen immer lauter. Am Ende konnten sie jubeln: 1991 wurde das letzte Schwein geschlachtet, dann schloss der Schlachthof für immer seine Pforten. „Danach musste das Gebäude erst einmal lange Zeit auslüften, schließlich war der ganze Boden mit Blut getränkt und roch dementsprechend", erinnert Adrian Ciupuliga an jene Zeit. Längst ist von dem Blut nichts mehr zu riechen, im ehemaligen Schlachthof lässt es sich heute hervorragend studieren. Nur die gusseisernen Widderköpfe an den Säulen im Lesesaal mögen manchen Studenten beim Aufblicken aus seinen Büchern stutzen lassen.

Heike Thissen

35

Der Türkenkopf.

Bärtiger Mann

Ein Sieg und zwei große Lieben

Wer ist der steinerne, bärtige Mann am Haus Rosgartenstraße 4 und weshalb trägt er einen Turban? Der einstige Hausherr, der sich ein Denkmal setzen wollte? Aber ein Turban als Kopfbekleidung dürfte doch für Konstanzer Bürger zu allen Zeiten eher unüblich gewesen sein? „Das ist kein Konstanzer, das ist ein Türkenkopf", stellt Irmengard Ziegler, die schräg gegenüber wohnt, richtig. Und weil das Haus, in dem sie selbst lebt, schon seit „Ewigkeiten" ihrer Familie gehört, kennt sie auch eine amouröse Geschichte um den Türkenkopf: „Die besten Spielkameradinnen

Irmengard Ziegler blickt zu dem Türkenkopf empor.

meiner Mutter wohnten in dem Haus mit dem Türkenkopf", erzählt sie. „Und die haben dann später beide jeweils einen reichen Türken geheiratet. Das war zur damaligen Zeit mehr als untypisch." Irmengard Ziegler erinnert sich noch, wie eine der Freundinnen ihrer Mutter, als sie schon in der Türkei lebte, mit ihrem Gatten und ihren Angestellten zu Besuch kam. Irmengard Zieglers Vater, ein Jäger, habe ein Reh geschossen und das türkische Personal habe sich nicht getraut das Fleisch zu essen – es hätte ja auch Schwein sein können. „Und unsere Haushälterin sprach natürlich kein Türkisch, um es ihnen zu erklären. Also hat sie ein Rehgeweih von der Wand genommen und drauf gezeigt. Und dann haben es sich alle schmecken lassen."

Ist das nun der Grund, warum der Türkenkopf an der Rosgartenstraße 4 hängt? Stellt er vielleicht gar einen der beiden Ehemänner dar? „Nein", sagt Irmengard Ziegler lachend. „Der hängt schon viel länger dort. Aber beide Frauen haben immer schmunzelnd gesagt, dass er sie bei ihrer Partnerwahl sicher beeinflusst hat, weil der Kopf solch großen Eindruck auf sie machte."

Die Archäologin Dr. Gudrun Schnekenburger stellt Überlegungen zur Bedeutung des Kopfes an: „Das Haus hieß schon früher

‚Zum Heidenkönig'." 1546 sei der Name überliefert. Hausnamen wie Heidenkönig, Mohrenkönig und Mohr stünden im Zusammenhang mit den Heiligen drei Königen.

So geht's zum bärtigen Mann:

Der Bärtige mit Turban hängt über der Eingangstüre Rosgartenstraße 4.

Möglicherweise handelt es sich auch um einen „Türkenkopf", wie man sie während oder nach dem Großen Türkenkrieg (1683–1699) in Erinnerung an den Sieg bei Wien gerne an Häusern anbrachte. „Konstanz war damals ja vorderösterreichisch", sagt die Stadtführerin. 1683 hatte das Osmanische Reich versucht, Wien zu erobern und sich damit gewissermaßen den Zutritt zu Zentral- und Westeuropa zu sichern. Doch die Osmanen wurden zurückgeschlagen. Die Anbringung eines Türkenkopfes an der Hausfassade war damals nicht unüblich, erinnerte an dieses siegreiche Ereignis und war gewissermaßen ein Zeichen von Macht – ein auch im 18. Jahrhundert noch gern verwendetes Element. „Und übrigens war die erste Türkenbelagerung in Wien schon 1529, das wäre sogar noch vor der ersten Namensnennung", überlegt Gudrun Schnekenburger.

Der Türkenkopf hängt dort also entweder als Erinnerung an einen Sieg über sein Volk oder als Würdigung eines Heiligen. Und später wurde er dann gewissermaßen auch noch das Symbol einer deutsch-türkischen Liebe. So schön die Sache mit der Liebe ist: Begeistert sein dürfte er weder über den Sieg noch über die multikulturelle Liebe, denn zu der Zeit, aus der er stammt, hätte er die Ehe zwischen einem Landsmann und einer Deutschen wohl nicht gebilligt. Doch diese Zeiten sind zum Glück vorbei oder zumindest am Vergehen, denn Vorurteile gibt es immer noch. Leider.

Eva-Maria Bast

Heinz Heer weiß, wo sich der letzte Stein des äußeren Paradieser Tores versteckt.

Eckstein

Letzter Zeuge eines wichtigen Tores

Im Konstanzer Stadtteil Paradies, wo bis vor wenigen Jahrzehnten Bauern und Fischer in ländlicher Struktur lebten, reiht sich heute ein Wohnhaus an das nächste. Von Landidyll ist keine Spur mehr zu sehen. Aber es gibt einige Relikte, die an vergangene Zeiten erinnern. Eines davon ist so gut verborgen, dass man den Standort schon genau kennen muss, um es zu entdecken. Dabei handelt es sich um den letzten Stein des ehemaligen äußeren Paradieser Tores.

„Der abgenutzte Stein ist an der südlichen Ecke der Gaststätte ‚Schweizergrenze' am Gehweg in den Boden eingelassen", verrät der Hobby-Historiker Heinz Heer. Gerade einmal kniehoch ist der letzte Zeuge eines der wichtigsten Stadttore, das Konstanz je hatte. Es bildete den Abschluss der Stadtbefestigung gen Westen. „Man weiß nicht genau, wann es erbaut wurde", erklärt Heinz Heer, „aber es wird 1429 im Ratsbuch das erste Mal erwähnt." Vermutlich entstand das äußere Paradieser Tor zu Beginn des 15. Jahrhunderts, wenige Jahre bevor das Konstanzer Konzil (1414–1418) stattfand. Der Chronist Joseph Laible schreibt in seiner „Geschichte der Stadt Konstanz": „In dieser Zeit geschah der Ausbau der Stadt zu einer starken, mittelalterlichen Festung durch Ummauerung von Stadelhofen und

Im Frühjahr ist der Stein noch erkennbar.

Im Sommer ist der Stein ganz verborgen.

So geht's zum letzten Stein des Tores:

Der letzte Stein des Paradieser Tores befindet sich an der südlichen Ecke der Gartenlaube des Restaurants „Schweizergrenze" in der Gottlieber Straße 64.

Ausbau von Toren und Türmen mit Zugbrücken und Gräben." Dazu gehörte auch das Tor an der Grenze zur Schweiz.

Der Arzt, Archivar und Geschichtsschreiber Johann Nikolaus Fidelis Marmor hielt 1860 in seiner Topografie der Stadt fest, dass das Tor mit seinem Turm wegen seiner Fallbrücke über den Grenzbach auch „Fallenthor" genannt wurde. „Bis zu seinem Abbruche im Jahre 1833 wurde das Thor Nachts geschlossen, und nur gegen Erlegung eines Thorkreuzers geöffnet."

Inzwischen ist auch nachts die Zufahrt ins Paradies über den Grenzübergang Tägerwilen möglich – ohne Entgelt. Erst recht, seit der dortige Posten nicht mehr besetzt und weitgehend abgebaut ist und die Grenzschranke, die noch bis Juni 2009 jeden Abend um 20 Uhr geschlossen wurde, rund um die Uhr geöffnet ist. Der Stein des Paradieser Tores steht in unmittelbarer Nähe und zeugt nun schon seit 600 Jahren von der Grenzgeschichte der Stadt.

Heike Thissen

Horst Eickmeyer steht mit ausgebreiteten Armen auf dem Uferweg, der eigentlich ein Kanaldeckel ist.

Uferweg

Ein Kanaldeckel, der Freude macht

Geht man mit Konstanz' einstigem Oberbürgermeister, Dr. Horst Eickmeyer, am Uferweg spazieren, dann bemerken zwar etliche der Ausflügler und jungen Konstanzer, die hier unterwegs sind, dass dieser Herr sich augenscheinlich für den Uferweg begeistert. Das sieht man an den ausholenden Bewegungen und das hört man, wenn man dicht an ihm vorbeigeht, an den enthusiastischen Worten. Aber kaum einem der Flanierenden dürfte klar sein, dass es die 400 Meter Uferweg vom Ende der Seestraße bis zum Freibad Hörnle ohne diesen Mann wohl gar nicht gäbe und dass es sich bei dem Weg quasi um einen Kanaldeckel handelt.

Doch von vorne: „Es war im Jahre 1984, als der Bau eines durchgehenden Seeuferweges – ein alter Konstanzer Wunschtraum – erneut im Gemeinderat thematisiert wurde“, sagt Horst Eickmeyer. „Damals ging es um das Teilstück zwischen dem Gelände Douglas, auf dem sich heute die Schmieder-Kliniken befinden, und dem Freizeitbad Jakob.“ Zwei Jahre später war dieses Stück Seeuferweg gebaut. „Aber es blieb noch ein Uferweg-Loch zwischen Seestraße und Schmugglerbucht“, blickt der Alt-OB zurück. Spaziergänger hätten damals den Umweg über die Mozartstraße nehmen müssen. Neun Jahre später, 1995, war diese 400 Meter lange Lücke geschlos-

So geht's zum Uferweg:

Der Uferweg beginnt am Ende der Seestraße und führt in Richtung Staad.

sen. Was war geschehen? Eickmeyer wollte unbedingt einen durchgehenden Uferweg. Doch das war nicht so einfach, denn es handelte sich um Privatgrundstücke mit Seezugang, die Anlieger waren wohlhabend, einflussreich und nicht im Mindesten interessiert daran, ihren geschützten Seezugang gegen einen Uferweg zu tauschen, auf dem tausende Fremde entlangflanieren. Neben einem durchgehenden Uferweg stand damals auch die Kanalisierung des Musikerviertels auf der politischen Agenda. „Warum also nicht zwei Fliegen mit einer Klappe schlagen", fragt Eickmeyer heute. „Und so haben wir für die Entwässerung einen Ufersammler in das Seevorland gebaut. Die Kanalabdeckung wurde dann auf der gesamten Länge nach ökologischen Gesichtspunkten bekiest und bepflanzt. So hatten wir doch noch das Gelände für den heiß ersehnten Seeuferweg, ohne die angrenzenden Privatgrundstücke in Anspruch nehmen zu müssen." Das ließen sich die Seeanlieger, die nun also einen Weg zwischen ihr Grundstück und den See gebaut bekommen hatten, freilich nicht einfach so gefallen. „Es wurde zäh um jeden Meter gerungen, die Eigentümer haben Rechtsmittel eingelegt und das Genehmigungsverfahren hat insgesamt sechs Jahre gedauert", resümiert Eickmeyer. Doch dann war es so weit und am 1. Juni 1995 konnte der Seeuferweg eröffnet werden.

Heute ist er nicht mehr wegzudenken. Kaum einer, der hier spazieren geht oder in der Sonne badet, weiß wohl, dass unter seinen Füßen eine Kanalisation verläuft. Eine wenig romantische Vorstellung, dafür aber sehr ökologisch, denn, sagt Eickmeyer: „Durch die Kanalisation fließen jährlich rund 8000 Kubikmeter ungeklärte Abwasser weniger in den Bodensee." Und darauf kommt's doch am Ende an.

Eva-Maria Bast

38

Warum ist das Haus in der Hüetlinstraße bemalt?

Fassadenmalerei

Buntes Haus mit Schattenseiten

Obwohl Stadelhofen längst ein Konstanzer Stadtteil ist, führt die ehemalige mittelalterliche Vorstadt zwischen Bodanstraße und Schweizer Grenze doch in vielerlei Hinsicht ein eigenes Leben. So

Frank Mienhardt zeigt auf ehemalige Ausstellungskästen.

kommt es, dass nur wenige Konstanzer und die allerwenigsten Besucher sich über das bemalte Haus in der Hüetlinstraße mit der Nummer 21 wundern. Dabei erzählt die schmucke Dekoration sowohl von den bunten als auch den dunklen Seiten des Gebäudes.

Der Leiter des Konstanzer Amts für Denkmalpflege, Frank Mienhardt, sagt: „Viele Jahrzehnte konnte man die Malerei an der Außenwand nicht sehen, weil sie nach dem Zweiten Weltkrieg von Eternitschindeln verdeckt wurde. Erst, als die Eigentümer 2008 die Schindeln runternahmen, um die Fassade neu zu streichen, kam die Dekorationsmalerei wieder zum Vorschein.“ Das

Erstaunen war groß, denn die auffällige Bemalung machte aus dem bis dahin unansehnlichen Haus über Nacht ein wertvolles Kleinod der Gründerzeit.

Die Malerstaffelei mit Pinseln.

„Wir haben damals festgestellt, dass nicht nur die Fassade alt und bemalt ist, sondern dass auch das Treppenhaus auf der ganzen Haushöhe ausgemalt ist", erinnert sich Mienhardt. Er forschte im Stadtarchiv und fand heraus, dass der Dekorationsmaler Hermann Apel das Haus in den Jahren 1895/96 durch das damals renommierte Architekturbüro Ehinger und Walther erbauen ließ. Im Vergleich zu dem, was vor allem Jakob Walther sonst hinterlassen hat – er war beispielsweise verantwortlich für die meisten der beeindruckenden Gründerzeithäuser in der Seestraße an der Rheinmündung (siehe Geheimnis 9), gehörte das Haus des Malers wohl eher zu den einfacheren Gebäuden. Noch heute steht außerdem das Hinterhaus, das Apel als Ateliergebäude nutzte. Um auf sich und sein Gewerbe aufmerksam zu machen, tat er, was jeder gute Geschäftsmann noch heute tut: Er machte Werbung. Und was war für einen Dekorationsmaler naheliegender, als sein eigenes Haus für diesen Zweck zu nutzen? „So kam es, dass die Fassade zur Hüetlinstraße eigentlich nichts anderes als ein großer Werbeträger war", erklärt der Denkmalpfleger. „Er hat damit nicht nur gezeigt, was er kann, sondern auch gut sichtbar auf sein Handwerk aufmerksam gemacht." Apel verwendete Motive, die damals modern waren. Die Kartuschen, Masken, Girlanden, Fruchtgebinde und das aufgemalte Beschlagwerk zeugen davon. Hinzu kommen viele Hinweise aufs Malerhandwerk: Da ist das Maler-

Die Stolpersteine erinnern an die ehemaligen Mieter des Hauses.

wappen mit den drei kleinen Schilden und eine Malerstaffelei mit Pinseln. Ein kunstvoller Schriftzug erinnert an Minerva, die römische Göttin der Kunst und des Handwerks. So war Ende des 19. Jahrhunderts schon von weitem sichtbar: Hier wohnt ein Maler, der sein Handwerk versteht.

Das war auch noch so, als Hermann Apel Konstanz verließ und als Fabrikdirektor nach Berlin zog. Doch damit begann eine Geschichte des Hauses, die viel weniger bunt ist als die Fassade es nahelegt. Denn Apel vermietete die Wohnungen in seinem Haus unter anderem an die Familie des Juden Salomon Guggenheim. Dieser zog 1913 frisch verheiratet mit seiner Angetrauten Toni in eine Vier-Zimmer-Wohnung im zweiten Stock. Da war noch nichts davon zu spüren, dass die Nationalsozialisten 20 Jahre später damit beginnen sollten, auch in Konstanz Juden systematisch von den anderen Menschen zu trennen. Doch von April 1933 an folgte Judengesetz auf Judengesetz. Den Anfang machte am 1. April der Aufruf zum Boykott „nichtarischer" Geschäfte. Der Verlust des Wahlrechts, das Tragen des Judensterns, das Umziehen aus „arischen" Häusern in „Judenhäuser": Alles war akribisch in den „Judengesetzen" der folgenden Monate und Jahre geregelt und ging auch an dem bemalten Haus in der

Hüetlinstraße 21 nicht vorbei. Für Salomon Guggenheim, Provisionsvertreter für Maschinen und Werkzeuge, bedeutete das, dass er ab 1934 arbeitslos war. Nur durch die finanzielle Unterstützung einer Tante konnte die Familie weiter ihre Miete an Hermann Apel bezahlen. Ab März 1939 versuchte Salomon, sich und seine Verwandten in Argentinien in Sicherheit zu bringen, wohin sein Sohn Isi bereits im Jahr zuvor ausgewandert war. Doch weder dorthin noch nach Chile gelang die Flucht. So blieben sie im Haus mit der beeindruckenden Wandmalerei wohnen, bis sie am 30. April 1939 das „Gesetz über Mietverhältnisse mit Juden" zwang, ein Kündigungsschreiben zu verfassen. Drei Mal zogen die Guggenheims in den kommenden Monaten innerhalb von Konstanz um, bevor der 63-jährige Salomon, die 49-jährige Toni und ihr 30 Jahre alter Neffe Dagobert am 22. Oktober 1940 von der Gestapo gefasst und zusammen mit anderen Konstanzer Juden ins südfranzösische Internierungslager Gurs verbracht wurden (siehe Geheimnis 4). Von hier ging es ins Transitlager Les Milles. Dort hofften sie auf ihre Ausreise – vergebens. Mit dem Transport Nr. 19 fuhren sie am 11. August 1942 nach Auschwitz, wo sie am 16. August ankamen und Salomon und Toni vermutlich sofort vergast wurden. Was aus ihrem Neffen wurde, ist nicht klar. Ob auch er gleich ermordet oder aber für Arbeitseinsätze selektiert wurde, lässt sich nicht nachvollziehen. Nur so viel steht fest: Er hat nicht überlebt. Seit 2009 erinnern Stolpersteine vor dem Haus, an dem inzwischen wieder die hübsche Wandmalerei zu sehen ist, an das grausame Schicksal der Guggenheims, das auch so vielen anderen Juden im „Dritten Reich" widerfahren ist.

So geht's zur Fassadenmalerei:

Das bemalte Haus steht im Stadtteil Stadelhofen in der Hüetlinstraße 21.

Heike Thissen

39

Die Tür stand bei der Explosion offen. Wohl deshalb, vermutet Hans-Dieter Schmidt, wurde sie nicht zerstört.

Übriggebliebene Tür

Mit Sprengstoff gegen bezahlte Liebe

Es war am 29. September 1970 um 0.10 Uhr, als ein ohrenbetäubender Knall die Stille der Nacht durchschnitt. Im Umkreis von 300 Metern zerbarsten Fensterscheiben. Dort, wo es geknallt hatte, da stürzten Wände ein, da wurden mehr als 50 Zimmer zerstört, da wankte ein Schwerverletzter, dem die Detonation fast alle Kleider vom Leib gerissen hatte, durch eine heute noch erhaltene Türe aus dem Haus. „Eine (Frau) versuchte nach dem Schlag, der auch ihr Zimmer verwüstete, aus dem Fenster zu springen“, schrieb ein Reporter im SÜDKURIER damals. Und „bei dem Versuch, sich in der Erregung Luft zu verschaffen, zerschlug ein anderes Mädchen den Rest der zerbrochenen Fensterscheibe und verletzte sich dabei“. Die Frauen und Mädchen waren Prostituierte, die Explosion hatte sich im so genannten „Dirnenwohnheim“, dem „Arabella“ ereignet. Da es Montag und damit eigentlich Ruhetag war, waren nur 13 Frauen und etwa zehn Männer im Haus. Vier von ihnen, zwei Frauen und zwei Männer, wurden schwer verletzt. Auch sieben Autos wurden beschädigt und bei der benachbarten Post alle Fensterscheiben auf der Südseite eingedrückt. Die Scheiben der Häuser ringsum in der Raueneck- und Dammgasse zerbarsten. Das damals noch vorhandene große Treppenhausfenster im Hotel Halm überstand dank seiner Bleifassung die Druckwelle. „Ich erinnere mich noch gut daran, wie ich an diesem Morgen zur Arbeit kam“, sagt Hans-Dieter Schmidt, der damals als stellvertretender Leiter beim Fernmeldeamt im ehemaligen Hotel Halm arbeitete. „Die ganze Straße war voller Glasscherben, die lagen stellenweise bestimmt zehn Zentimeter hoch. Ich fühlte mich an den Zweiten Weltkrieg erinnert, den ich ja noch erlebt habe.“

So geht's zur übriggebliebenen Tür:

Das Haus, in dem der Anschlag verübt wurde, befindet sich in der Dammgasse 2.

Was war geschehen? Zeugen sagten aus, sie hätten einen Mann in einem braunen Anzug gesehen, der eine Aktentasche im Eingangsbereich des Dirnenwohnheims abgestellt hatte und dann verschwunden war. Die Polizei und eigens herbeigerufene Experten aus Stuttgart und Freiburg fanden schnell eine Spur: Es müsse sich um Eierhandgranaten handeln, stellten die Spezialisten fest. Da war die Verbindung zur Klosterkaserne rasch geknüpft, die weiteren Untersuchungen ergaben, dass tatsächlich im Munitionsdepot eingebrochen worden war.

Unter anderem hatte der Dieb 20 Eierhandgranaten entwendet. Die Gitter waren mit einem Brecheisen geöffnet worden, die Fensterscheiben zertrümmert, und man fand auch Streichhölzer, mit denen sich der Täter den Weg geleuchtet hatte. In der Klosterkaserne war seinerzeit französisches Militär beheimatet und eine der Dirnen erinnerte sich auch an einen unangenehmen Vorfall am Abend vor der Detonation. Ein 19-jähriger französischer Soldat habe sich „schlecht behandelt" gefühlt und sein Geld – 50 Mark und 50 französische Francs – zurückverlangt. Es sei zu einem Streit gekommen, schließlich sei der Mann hinausgeworfen worden und habe gedroht: „Heute wiederkommen, dann Haus kaputt."

Der diensthabende französische Oberst scheute keine Mühe, um die Polizei bei ihren Ermittlungen zu unterstützen. Er ließ alle Soldaten, bis hinauf zum höchsten Dienstgrad, antreten und an einem Fenster vorbeigehen, hinter dem die Prostituierte saß. Zum Glück waren „nur" 250 Männer anwesend, der größte Teil der Soldaten befand sich auf einem Manöver in Frankreich. Unabhängig voneinander erkannten die Dirne und der Etagenkellner, der hinter einem anderen Fenster saß, den Mann, der kurz darauf gestand. Er habe die Tat „wegen der schlechten Bedienung im Arabella, wegen der teuren Preise und als Aktion gegen die Zuhälter" begangen. Eine Rolle für seinen Unmut dürfte aber auch die Tatsache gespielt haben, dass seine Mutter als Striptease-Tänzerin in Algerien arbeitete. Im Rahmen seines Prozesses soll er gesagt haben, dass er deshalb eine „tiefe Abneigung gegen Zuhälter" empfinde.

Ein kurzer Blick in die Biografie des jungen Mannes: Er wuchs als uneheliches Kind zunächst bei seiner Großmutter in Frankreich auf, kam dann zu seiner Mutter nach Algerien, verließ sie nach einem Streit wieder, kehrte nach Frankreich zurück und lebte nun bei verschiedenen Familien und in mehreren Heimen, bevor er sich als Tellerwäscher verdingte und 1969 schließlich zum Militär kam. Nach viermonatiger Ausbildung wurde er nach Konstanz versetzt. Hier war er von Anfang an auffällig, einmal, schreibt der SÜDKURIER, habe er desertieren wollen, nachdem er wegen eines aus dem Fenster geworfenen Aschenbechers zur Rede gestellt worden war. Auch soll er ein Auto gestohlen und einen Panzerschrank aufgebrochen haben.

65 Stunden nach dem Anschlag auf das Dirnenwohnheim wurde er verhaftet. Es ging abenteuerlich weiter: Man steckte ihn ins Militärgefängnis Landau, aus dem er zusammen mit einem Mithäftling ausbrach, nach fünf Tagen der Suche wurden die beiden in einem Gartenhäuschen bei Trier gefasst. Das Jugendschöffengericht Konstanz verurteilte ihn zu zwei Jahren Jugendstrafe ohne Bewährung. Der Anschlag erregte damals bundesweites Aufsehen und wurde von der Staatsanwaltschaft als ein „in der modernen Kriminalgeschichte einmaliger Vorgang" bezeichnet.

Und dann begann die Sanierung der zerstörten Gebäude. Bevor neue Fensterscheiben eingesetzt wurden, fand man aber eine gute

Interimslösung. Hans-Dieter Schmidt erinnert sich: „Viele Gebäude hatten damals vorhängbare Winterfenster. Weil die Sommerfenster durch die Detonation kaputt gingen, hat man eine Zeitlang einfach die Winterfenster eingehängt, um wieder dicht zu haben."

Heute ist aus dem ehemaligen Dirnenwohnheim längst ein ehrbares Haus geworden. Nichts erinnert mehr an seine einstige Bestimmung oder an die Explosion. „Nur noch die Haustüre ist die alte geblieben", sagt Schmidt. „Nachdem der Täter seine Aktentasche in den Hausgang gestellt hatte, hat er sie wohl nicht wieder geschlossen. Sonst hätte sie das kaum überstanden."

Eva-Maria Bast

40

Rainer Sulger kennt eine Erklärung dafür, warum das Gewann „Pfeiferhölzle" heißt. Doch es gibt mehrere.

Pfeiferhölzle

Ein Gewann mit altem Namen

Viele Namen in Konstanz sind den Einheimischen so geläufig, dass sie sich längst nicht mehr über die Bezeichnungen wundern. Dass es in der Stadt ein „Paradies" am Rheinufer gibt, ist

So geht's zum „Pfeiferhölzle":

Das Gewann „Pfeiferhölzle" liegt nördlich der Straßen „Am Pfeiferhölzle" und „Kuhmoosweg" im Stadtteil Königsbau.

genauso selbstverständlich wie eine „Schmugglerbucht" am Ufer des Bodensees. Dabei lohnt es sich immer wieder, auch scheinbar Altbekanntes zu hinterfragen. Denn in vielen Namen lebt die Geschichte der Stadt seit Jahrzehnten, Jahrhunderten und Jahrtausenden fort. Das gilt auch für das „Pfeiferhölzle" in Petershausen.

Rainer Sulger von der „Traditionsgemeinschaft der ehemaligen Garnisonsstadt Konstanz" ist in der Gegend aufgewachsen. Er erinnert sich noch gut an die langen Spaziergänge mit seinem Großvater durch das „Pfeiferhölzle" auf dem Weg zur Verwandtschaft im Stadtteil Egg. „Dabei erklärte er mir, dass der Name von der Schießanlage dort kommt. Denn früher pfiff es ordentlich, wenn die Soldaten einen Schuss abfeuerten und die Munition durch die Luft flog." Die Erklärung leuchtet ein, wurde doch tatsächlich nördlich des heutigen Kuhmooswegs und der Straße „Am Pfeiferhölzle" ab 1800 auf einem Platz das Schießen geübt. Ab 1935 stand dort eine Schießanlage aus Holz. Als Konstanz noch Garnisonsstadt war, übten dort unter anderem die „Seehasen", die Soldaten des „6. Badischen Infanterieregiments Kaiser Friedrich III. Nr. 114" den Umgang mit ihren Waffen. Von dieser ist heute genauso wenig zu sehen wie von dem dazu gehörenden Schützenhaus. Beide wurden 1988 stillgelegt und abgerissen, im Fall der Gaststätte sehr zum Leidwesen der Konstanzer, die dort gern bei ihren Wanderungen und Sonntagsspaziergängen einkehrten.

Tatsächlich ist der Gewann-Name „Pfeiferhölzle" jedoch wesentlich älter als die hölzerne Schießanlage mit ihrem Pfeifgeräusch. Im Registraturbuch von 1585, das im Stadtarchiv aufbewahrt wird, findet sich des Rätsels Lösung: Das Gewann „haist des Pfeiffers wijs und höltzlin“, heißt also Pfeiffers Wiese und Wäldchen. Der Name erinnert seit mehr als vier Jahrhunderten daran, dass ein Mann namens Pfeiffer dort einst Land besessen hat. Das erklärt auch, warum in Konstanz für das „Pfeiferhölzle“ immer wieder auch die Schreibweise „Pfeifferhölzle“ auftaucht. Irgendwann ist im Laufe der Jahre wohl ein „f“ verloren gegangen. Vielleicht ist aber auch einfach etwas an der Erklärung von Rainer Sulgers Großvater mit den pfeifenden Geschossen dran. Schließlich kann es ja mehr als einen Grund dafür geben, warum ein Gewann so heißt, wie es eben heißt.

Doch eines steht fest: Gepfiffen wird heute im „Pfeiferhölzle“ nur noch von gut gelaunten Spaziergängern, die die Ruhe und das Grün in unmittelbarer Stadtnähe zu schätzen wissen.

Heike Thissen

41

Beeindruckt von der Schaffenskraft der Macaire-Familie: Hoteldirektor Peter Martin.

Fresken im Inselhotel

Graf Zeppelin und die Genfer Kolonie

Im Kreuzgang des heutigen Inselhotels findet sich eine wunderschöne Erinnerung an die Nutzung des Fünf-Sterne-Hauses, bevor es ein Hotel wurde. Dort befinden sich nämlich an der Wand des Kreuzganges mehrere Fresken der Familie Macaire. Sie war unter den 270 Genfer Emigranten, die im ausgehenden 18. Jahrhundert vor den vorrevolutionären Wirren in Genf flohen und in Konstanz um Asyl baten. Man empfing die Genfer mit offenen Armen, waren sie doch keineswegs verarmte Flüchtlinge, sondern reiche Leute.

Jean-Jacques Louis Macaire (1740–1824) war einer der Genfer, die im Vorfeld dafür gesorgt hatten, dass sie in Konstanz ein gutes Leben haben würden. Er verhandelte schon vor der Übersiedlung mit der vorderösterreichischen Regierung über die Ansiedlung einer Genfer Kolonie in Konstanz. „Joseph II., dem Kaiser des Heiligen Römischen Reichs, lagen Gewerbetätigkeit und rührige Hände mehr am Herzen als die Klöster der Bettelmönche. So säkularisierte er alle – außer dem Dominikanerinnen-Kloster Zoffingen – und vermietete die Gebäude, später verkaufte er sie an Gewerbetreibende“, sagt der heutige Chef des Inselhotels Peter Martin. Augenzwinkernd fügt er hinzu: „Heute würde man dies ‚Wirtschaftsförderung‘ nennen.“ Die rei-

So geht’s zu den Fresken:

Die Fresken befinden sich im Kreuzgang des Inselhotels in Richtung Raucherzimmer/Bar. Das Inselhotel findet man „Auf der Insel 1“.

chen Genfer Familien zogen nun also in die leer stehenden Gebäude und Klöster ein, es entstand die „Genfer Kolonie". Ihnen wurde die Verpflichtung auferlegt, „dem darnieder liegenden Wirtschaftsleben neue Impulse zu geben", wie Martin es ausdrückt. Und gerade Macaire brachte einiges mit: seine Manufaktur samt Mitarbeitern. Er stellte aber auch Konstanzer Bürger an. Macaire bedruckte Baumwollstoffe und verkaufte sie unter dem Namen „Indienne". Elf Jahre vor seinem Tod, im Jahre 1813, kauften Jean-Jacques Louis Macaires Söhne David und Kaspar die gesamte Insel mit allen Gebäuden. Schon 1810 hatten sie die Geschäfte ihres Vaters unter der Firmierung „Macaires frères" übernommen.

Übrigens stammt auch Ferdinand Graf Zeppelin von der Familie ab. Er war der Sohn von Jean-Jacques' Enkelin Amélie Macaire und dem hohenzollerischen Haus- und Hofmarschall, dem Grafen Friedrich von Zeppelin, der nach der Heirat seinen Posten bei Hofe aufgab und in das schwiegerelterliche Unternehmen eintrat. Der Bruder des Königs der Lüfte, Graf Eberhard, war maßgeblich an der Umwandlung des Gebäudekomplexes in ein Hotel im Jahr 1874 beteiligt. „Zwei Dinge bewogen Graf Eberhard wohl zu dieser Entscheidung", sagt Peter Martin. Zum einen sei die Fabrik in wirtschaftliche Schwierigkeiten geraten, da man inzwischen modernere Methoden zum Färben entwickelt hatte, als sie bei Macaire praktiziert wurden. „Ein weiterer Grund war der Bau der Eisenbahn Mitte des 19. Jahrhunderts. Es reisten plötzlich viel mehr Leute als zuvor. Und es wurden natürlich mehr Unterkünfte benötigt." Die Besitzer der Insel waren übrigens nicht die Einzigen, die diesen Umstand erkannten und sich dachten, dass sich mit dem Tourismus in Konstanz viel Geld verdienen ließe. Doch das ist ein anderes Geheimnis, das wir ab Seite 168 erzählen.

Eva-Maria Bast

Will er angreifen oder nur arbeiten? Unter dem Erker ist ein Gerber mit Messer zu sehen.

42

Mann mit Messer

Erinnerung an ein stinkendes Gewerbe

Auf den ersten Blick sieht er etwas zwielichtig aus: Der Mann scheint sich mit gebleckten Zähnen und gezücktem Messer auf sein Gegenüber stürzen zu wollen. Ein finsterer Geselle, der, wenn nicht nach dem Leben, dann doch nach Hab und Gut von anderen zu trachten scheint. Wer würde sich so jemanden – wenn auch nur als Plastik – an die Fassade seines Hauses hängen wollen? Doch genau dort ist der Mann mit wallendem Haar, Vollbart und Schlapphut unterhalb eines Erkers zu sehen. Und seine Anwesenheit dort ergibt auch durchaus einen Sinn. Denn die Figur in der Kreuzlinger Straße 8 ist kein brutaler Räuber, sondern ein rechtschaffener Gerber, der mit dem großen, säbelartigen Messer – vermutlich einer Scher-Sense – eines seiner wichtigsten Werkzeuge in beiden Händen hält.

Heinz Heer zeigt auf den ehemaligen Gerberbach.

Hier unterm Dach wurden die Felle und Häute getrocknet.

Dass der Gerber an der Stelle im Konstanzer Stadtteil Stadelhofen goldrichtig hängt, weiß der Kenner der Konstanzer Stadtgeschichte, Heinz Heer: „Genau hier lebten einst diese Handwerker und unmittelbar vor dem Haus lief der so genannte Gerberbach entlang." Der Gerberbach war ein Teil des Emmishofer Mühlenbachs, der vom Emmishofer Tor Richtung Schnetztor floss und sich dort teilte – ein Ort, der gut geeignet war für ein Gewerbe, das nicht nur durch hochwertige Produkte, sondern auch durch seinen Gestank auf sich aufmerksam machte. Schließlich benötigten die Handwerker bei ihrer täglichen Arbeit große Mengen an gutem, fließendem Wasser: Am Bach reinigten sie die Felle und Häute von Blut und Schmutz und hängten sie später stundenlang in den Bach, um den Kalk, den sie zur Lockerung der Haare aufgetragen hatten, wieder auszuwaschen. Den Bachverlauf erkennt man heute auch noch daran, dass teilweise das Niveau der Straße an das des Fußweges auf dem inzwischen längst verdolten Bach mit Stufen angeglichen werden musste. Das schmutzige Abwasser floss dann zum Schnetztor. Ein Teil lief durch den Hirschengraben – die heutige Laube – und von dort in den Rhein. Der andere Teil floss entlang der heutigen Bodanstraße zur ehemaligen Metzgerei auf Höhe des Bodanplatzes und anschließend in den Bodensee.

„Nach dem Waschen hängten die Gerber die Felle und Häute im ‚Haus zum Steinhaufen' auf, das heute ‚Zur Felsenburg' heißt. Das kann man noch deutlich an den vielen Gauben im Dachstuhl erkennen. Nur war der Dachstuhl damals natürlich nicht geschlossen, sondern offen", deutet Heinz Heer auf das gegenüberliegende stattliche Gebäude mit steilem Dach.

So geht's zum Mann mit Messer:

Die Gerber-Figur ist unter einem Erker am Haus Kreuzlinger Straße 8 angebracht. Das ehemalige Gerberhaus „Zum Steinhaufen" oder „Zur Felsenburg" steht gegenüber in der Kreuzlinger Straße 7. Der Gerberbach verlief im niedriger gelegenen Teil der nördlichen Kreuzlinger Straße.

Dass sich die Gerber jenseits des Schnetztores in Stadelhofen niederließen und damit außerhalb der Stadt, war kein Zufall: Bei ihrer Arbeit fielen jeden Tag große Mengen an Fleisch und Blut an, die neben Millionen von Fliegen auch Ratten und anderes Ungeziefer anlockten. Außerdem müssen der üble Verwesungsgeruch und das Aroma der faulenden Rinde der Gerberlohe vor allem im Sommer beinahe unerträglich gewesen sein. „Ursprünglich hatte im 13. Jahrhundert die Gerberei in der Rosgartenstraße gestanden. Aber wegen der Geruchsbelästigung wurde sie schnell aus der Stadt hinaus nach Stadelhofen verlegt", hat Heinz Heer über die Konstanzer Gerber herausgefunden. Sie waren geachtete Leute und man war sich der Bedeutung ihres Handwerks bewusst – aber man konnte dessen Gestank einfach nicht ertragen. Auch daran erinnert die Gerber-Figur an der Hausfassade, selbst wenn der Mann gar nicht so aussieht, als müsse er bestialischen Gestank erdulden.

Heike Thissen

43

Zwei, die sich gut verstehen: Horst Frank und der Steinerne.

Steinerner Mann

Immer Öffentlichkeit im Konstanzer Rat

Wer das eine oder andere Mal einer öffentlichen Gemeinderatssitzung beiwohnt, wird ihn schon kennen, den steinernen Mann, der da inmitten der Zuschauerbänke sitzt. Warum er da sitzt, ist allerdings ganz und gar nicht ersichtlich. Vielleicht mag manch ein Bürger denken, es handle sich um Kunst, die den Ratssaal verschönern soll. Damit liegt er dann gar nicht so falsch: Es ist

> **So geht's zum steinernen Mann:**
>
> Der steinerne Mann befindet sich im Ratssaal des Konstanzer Rathauses. Dieses steht in der Kanzleistraße 15.

tatsächlich Kunst. Aber es ist viel mehr als das: Weder wurde die Figur für diesen Platz geschaffen noch sitzt sie dort einzig und allein zur Zierde. Die Gründe liegen tiefer. Und die Geschichte ist wesentlich aufregender. Der einstige Konstanzer Oberbürgermeister Horst Frank erzählt sie mit einem kräftigen Augenzwinkern. In seiner Amtszeit wurde die Figur plötzlich, es muss um das Jahr 1998 gewesen sein, herrenlos, weil, wie Frank erzählt, der Vorbesitzer kein wirkliches Interesse mehr an ihr hatte. Und sie wäre herrenlos geblieben, wenn sich nicht Horst Frank in Absprache mit Künstler Peter Lenk, der sie geschaffen hatte, ihrer erbarmt und sie als Dauerleihgabe ins Rathaus geholt hätte. „Ich habe sie in der Finanzausschusssitzung in die Zuschauer gesetzt und keiner hat was gesagt." Mit der Kunst, bemerkt der einstige OB, sei das ja immer so, dass sich keiner traue nachzufragen, weil er sich dann der Gefahr aussetze, als unwissender Kunstbanause überführt zu werden. Der Konstanzer Rat schwieg also zu dem neuen Gast seiner Sitzungen, der die Diskussionen mit steinerner Miene verfolgte. „Er ist verschwiegen und vertrauenswürdig, deswegen habe ich ihn auch an nichtöffentlichen Sitzungen teilnehmen lassen", erzählt Horst Frank schmunzelnd. „So hatten wir immer Öffentlichkeit." Außerdem symbolisiere die nicht bekleidete Figur: „Einem nackten Bürger kann man nicht in die Tasche greifen." Anscheinend, sagt Horst Frank, habe es der kleine steinerne Mann in einen russischen Reiseführer geschafft: „Es kamen immer wieder russische Touristengruppen und wollten ihn sehen."

Diese Aktion war nicht die einzige, die Horst Frank während seiner Amtszeit unternahm, um etwas Abwechslung in die Sitzungen zu bringen. „Als der chinesische Staatszirkus in Konstanz

Der steinerne Mann.

gastierte, habe ich einen Artisten eingeladen und der hat vor dem Einbringen des Haushalts jongliert und Akrobatik gemacht." Er habe damit zum Ausdruck bringen wollen, dass ein städtischer Haushalt immer ein Balanceakt, eine Jonglage, ist.

Ein anderes Mal kredenzte er seinem Rat Essig von der Spitalstiftung, da das Einbringen des Haushalts ja immer auch etwas Bitteres, Saures habe – vor allem dann, wenn größere Streichungen anstehen. „Als ich das Kollegen im Städtetag erzählt habe, haben viele gemeint, bei ihnen wären solche Aktionen negativ angekommen. Bei uns war das nicht so. Wir haben ein liberales Klima und viel Selbstironie."

Eva-Maria Bast

44

Maria trägt Zepter und Jesuskind und steht mit einem Fuß auf einem Halbmond.

Mariensäule

Mit einem Fuß auf dem Halbmond

Was hat die Mariensäule im Konstanzer Pfalzgarten mit der 680 Kilometer entfernten österreichischen Hauptstadt Wien zu tun? Die Antwort ist einfach: nichts – jedenfalls, wenn man vom heu-

Die Mariensäule ist das zentrale Denkmal im Pfalzgarten.

tigen Stand der Dinge ausgeht. Doch vor mehr als 300 Jahren, als die bronzene Mutter Gottes mit dem Zepter in der rechten Hand und dem Jesuskind auf dem linken Arm auf die Granitsäule gestellt wurde, gab es vermutlich durchaus einen Bezug gen Osten.

Denn Maria steht mit einem Fuß auf dem Halbmond unter ihr. Das kann man dahingehend interpretieren, dass sich damals das

Christentum dem Islam überlegen fühlte. Und hier kommt Wien ins Spiel. Denn Konstanz stand von 1548 bis 1806 unter der Herrschaft von Habsburg-Österreich. Dessen Dreh- und Angelpunkt Wien war immer wieder von den Osmanen bedroht, darunter auch wenige Monate, nachdem die Mariensäule am 2. Mai 1683 im Pfalzgarten feierlich eingeweiht worden war: Bei der zweiten Wiener Türkenbelagerung versuchte das Osmanische Reich vom 14. Juli bis 12. September erfolglos, die Residenzstadt des römisch-deutschen Kaisers Leopold I. (1640–1705) einzunehmen und das Tor nach Europa aufzustoßen. Damit waren sie bereits 1529 und 1663/64 gescheitert. Trotzdem hielt die Angst vor den Türken Europa in Atem. Gut möglich, dass die Erleichterung darüber, dass den Osmanen ein weiteres Vordringen bislang nicht gelungen war, sich auch in der Darstellung der Madonna im Konstanzer Pfalzgarten niederschlug.

So geht's zur Mariensäule:

Die Mariensäule steht im Pfalzgarten südlich des Konstanzer Münsters.

Es kann aber auch sein, dass andere Einflüsse eine Rolle gespielt haben, als der Künstler Valentin Allgäuer die 2,10 Meter hohe Madonna schuf. Vielleicht symbolisiert die Gottesmutter, die auf der Mondsichel steht, auch den Sieg des Christentums über den lange Zeit populären Isis-Kult. Denn die altägyptische Göttin der Liebe und „Königin des westlichen Himmels" trägt in Darstellungen oft Kuhhörner auf dem Kopf, die wie eine Mondsichel nach oben gebogen sind. Im übertragenen Sinne würde Maria im Pfalzgarten also auf Isis treten. Und noch einen Hinweis auf eine Frau, die auf einem Mond steht, gibt es. Der stammt von niemand Geringerem als dem Apostel Johannes, der in seiner Vision vom Weltuntergang „eine Frau mit dem Mond unter ihren Füßen und auf dem Haupt eine Krone von zwölf Sternen" (Offenbarung 12, 1–6) beschreibt.

Die Frage, was es mit der Mondsichel auf sich hat, scheint die Konstanzer über die Jahrhunderte jedoch wenig beschäftigt zu haben. Sehr wohl machten sie sich aber anscheinend Gedanken darüber, aus welchem Material die Madonna mit dem Zepter und dem Kind geschaffen sein könnte. Doch mit der Sage, die Marienstatue sei nach einem Brand 1511 aus den zerschmolzenen Münsterglocken gefertigt worden, räumte schon der Arzt, Archivar und Geschichtsschreiber Johann Nikolaus Fidelis Marmor in seiner Topographie aus dem Jahr 1860 auf: „Die ungemein schön gestaltete Bildsäule der Jungfrau mit dem Kinde im Arme, auf einer Säule in der Mitte des obern Münsterhofes, ein Werk des hiesigen Künstlers Allgäuer vom Jahr 1682, ist nicht, wie man vielfältig aussprechen hört, aus dem Metalle der beim Brande der drei Münster Helmthürme im Jahr 1511 zerschmolzenen Glocken entstanden, da diese Glocken nach dem Zeugnisse des gleichzeitigen Chronisten Schulthaiß, und nach der Natur der Sache selbst, beim Brande der Glockenstühle herunterfielen und zersprangen, nicht zerschmolzen." Marmor konnte dabei nicht wissen, dass die Statue tatsächlich bereits 1632 von Allgäuer gegossen worden war und nicht erst 50 Jahre später. Eine entsprechende Jahreszahl auf der Mondsichel war lange Zeit falsch gelesen worden. So schreibt der Archivar von „eitler Aufschneiderei und Übertreibung, wenn uns die Sage erzählt, daß das zerschmolzene Glockenmetall bis in die Fischmarktgasse hinunter gelaufen sei, und es wäre auch kaum zu begreifen, warum man nicht dies Metall folglich wieder zu Glocken umgeschmolzen, sondern einen Theil desselben 171 Jahre lang aufbewahrt haben sollte, zum Gusse einer Statue". Die Statue mit Säule, Fußgestell und einem reich verzierten eisernen Gitter habe nach der Baurechnung vom 5. Mai 1683 exakt 6500 Gulden, 39 Kreuzer und 3 Heller gekostet. Heute darf man sich getrost darüber wundern, dass die Marienstatue erst 50 Jahre nach ihrer Anfertigung bezahlt worden sein soll. Vielleicht hat sich der Geschichtsschreiber hier einfach geirrt.

Heike Thissen

Konrad Schatz neben dem Abraham im Münster.

45

Abrahamfigur

Nicht der Hut von Jan Hus

Die Heiligenfigur unter der Kanzel im Konstanzer Münster hat einen Hut auf, der ihr einst zum Verhängnis wurde. „Schauen Sie sich den Hut mal genau an“, sagt der frühere Münstermesner

So geht's zu Abraham:

Die Heiligenfigur befindet sich im Konstanzer Münster unter der Kanzel.

Konrad Schatz. „Wenn Sie seine Linien verlängern, dann sieht diese Kopfbedeckung aus wie die Papiermütze, die Jan Hus bei seiner Verurteilung trug", erklärt er. Jan Hus (1369–1415) war ein tschechischer Theologe und Reformator, der auf dem Konstanzer Konzil (1414–1418) hingerichtet wurde, weil er sich weigerte, seine Lehre zu widerrufen (siehe Geheimnis 10).

Viele Jahrhunderte nach Hus' gewaltsamem Tod, nämlich um 1800, seien Konstanzer Kirchgänger dann auf die Idee gekommen, dass es sich bei der Kopfbedeckung um die Hus'sche Mütze handle, und hätten angefangen, die Heiligenfigur zu bespucken. „Dabei ist das völliger Blödsinn", sagt Schatz. „Die Figur soll nicht Hus darstellen, sondern eindeutig Abraham, was man auch daran erkennt, dass er einen Widder bei sich hat." Abraham gilt als Stammvater Israels. Ihm soll, so heißt es im Alten Testament, Gott befohlen haben, seinen Sohn zu opfern. Doch im letzten Moment sandte Gott ihm einen Widder, den Abraham statt des Sohnes als Opfer darbringen konnte. In Konstanz wurde der arme Abraham aufgrund seiner Mütze also bespuckt. „Und da hat der Pfarrer damals Anfang des 19. Jahrhunderts gesagt: Damit die Sauerei aufhört, nehmen wir die Figur weg und ersetzen sie durch eine einfache Steinsäule."

Abraham und sein Widder schlummerten im Verborgenen. Bis sie, Schatz vermutet in den 1980er-Jahren, wieder ins Münster gebracht wurden. Die Zeiten haben sich ja zum Glück gewandelt. Statt ihn zu bespucken, lächeln die Münstergänger ihm heute höchstes freundlich zu, dem Abraham mit der Mütze, die an Jan Hus erinnert.

Eva-Maria Bast

46

Die Taube verrät es: Eine Darstellung des Heiligen Geistes hängt an der Holzdecke in St. Stephan.

Heiliger Geist

Eine Darstellung, die es nicht geben dürfte

Man muss sich die aufwändig gestaltete Holzdecke im Mittelschiff der Stephanskirche genau ansehen, um zu entdecken, warum sie etwas ganz Besonderes ist. Sechs aus Lärchenholz geschnitzte Hochreliefs sind dort angebracht: große Bilder, aus denen die Kirchenheiligen St. Stephan und St. Nikolaus auf die Gläubigen unter sich herabblicken, aber auch Maria sowie Gott Vater, Sohn und der Heilige Geist als männliche Personen. Und genau hier stimmt etwas nicht.

„Wir wissen nicht, warum ausgerechnet hier der Heilige Geist in Menschengestalt dargestellt ist“, erklärt Pfarrer Albrecht Wick.

So geht's zum Heiligen Geist:

Die Reliefdarstellung des Heiligen Geistes befindet sich in der Holzdecke des Kirchenschiffes von St. Stephan auf dem Stephansplatz. Vom Chorbogen Richtung Orgel sind erst Gott Vater und Sohn zu sehen, dann der Heilige Geist.

„Aber die Taube mit den ausgebreiteten Flügeln lässt keinen Zweifel daran, um wen es sich dort oben handelt." So soll also der Heilige Geist aussehen? Mit wallendem, braunem Haar, Bart und entschlossenem Blick?

Viele Gläubige haben eine konkrete Vorstellung davon, wie der „liebe Gott" oder Jesus aussehen könnten. Sie haben jedoch keinen blassen Schimmer, wie sie sich den Heiligen Geist vorstellen würden. Das hat einen ganz konkreten Grund. Denn nur wenige Katholiken haben schon einmal eine Menschendarstellung von ihm gesehen. Papst Urban VIII. (1568–1644) ist schuld daran. Denn er war es, der 1628 anthropomorphe Darstellungen des Heiligen Geistes, also Abbildungen in Menschengestalt, verbot. „Außerdem war es in der mittelalterlichen Kunst in Mode gekommen, die Dreifaltigkeit unter anderem als Menschen mit drei Köpfen oder mit drei Gesichtern darzustellen. Dadurch entstanden teilweise furchteinflößende Geschöpfe, die mit dem christlichen Glauben nicht vereinbar sind", erklärt Albrecht Wick. Auch hier gebot Urban VIII. Einhalt. Papst Benedikt XIV. (1675–1758) verfügte dann 1745 in seinem Dekret „Sollicitudine Nostrae" (Unsere Sorge), dass der Heilige Geist nur noch in Gestalt einer Taube dargestellt werden durfte. Durch diese Einflussnahme setzte sich das Symbol der Taube für den Heiligen Geist durch, neben der Darstellung als Feuerzungen. „Doch der Freiburger Bildhauer Joseph Dettlinger, der die sechs Reliefbilder für die Konstanzer Stephanskirche Anfang des 20. Jahrhunderts schuf, hielt sich nicht daran – warum auch immer", sagt Albrecht Wick abschließend.

Heike Thissen

Hinter diesem Fenster entschloss sich Viktor Mann, es seinen berühmten Brüdern gleichzutun und ein Buch zu schreiben.

47

Dachgaube

Das Leben – aufgeblättert wie ein Buch

Seine Brüder hießen Heinrich und Thomas. Sie wurden berühmt, während er stets im Hintergrund blieb, Landwirt und Bankmann wurde, ganz wie der Vater. Bis er 20 Monate vor seinem Tod zur Feder griff und zu schreiben begann. Wer dieser geheimnisvolle Mann war und was das alles mit einer Dachgaube in der Konstanzer Innenstadt zu tun hat, das erzählt Dr. Brigitte Weyl, Tochter des SÜDKURIER-Gründers Johannes Weyl und langjährige Herausgeberin der Zeitung: „Hinter diesem Fenster hatte Viktor Mann (1890–1949) im Gespräch mit meinem Vater und dem Redakteur Ludwig Emanuel Reindl die Idee, ein Buch zu schreiben,

Brigitte Weyl vor dem Haus, in dem einst ihr Vater wohnte.

das mein Vater verlegen sollte." Das war 20 Monate vor Viktor Manns Tod, 20 Monate, die er brauchte, um sein Werk zu vollenden. Sein Bruder Thomas Mann (1875–1955) schrieb ihm dazu: „Deine Memoiren waren freilich eine Überraschung, und wir haben uns auf die Schenkel geschlagen vor Erstaunen über die Tücke, mit der Du uns dieses Betreiben bisher ganz verschwiegen hast." Auch Viktors Bruder Heinrich Mann (1871–1950) zeigte sich angetan. Er schrieb: „Alles ist wahr, heiter anspruchslos, es wird überall willkommen sein. Mach mir weiter Vergnügen mit Deinen Denkwürdigkeiten (...) Eine genussreiche Lektüre (...)". Die „genussreiche Lektüre" ist die Biografie der Familie Mann und sie trägt den Titel „Wir waren fünf". Johannes Weyl nannte das Werk einst am Grabe Viktor Manns in seiner Trauerrede „das Bildnis einer Familie von ungewöhnlicher Art, das Bildnis der Buddenbrooks, wie sie in Wahrheit gewesen sind". Der Plan zu dem Buch „Wir waren fünf. Bildnis der Familie Mann" entstand in langen nächtlichen Gesprächen in Konstanz im Hause Weyl. „Viktor Mann hatte in Konstanz darauf gewartet, in die Schweiz reisen zu dürfen, um sich mit seinem Bruder zu treffen", sagt Brigitte Weyl. Es war Nachkriegszeit und die Grenzen waren noch dicht. Thomas Mann hatte den Krieg im Exil verbracht. Und dann traf sich die Familie wieder. Als Viktor Mann von dem Besuch ins Haus Weyl in Konstanz zurückkehrte, habe das entscheidende Gespräch stattgefunden, berichtet Brigitte Weyl. „Das Wiedersehen mit seiner Familie hat ihn darin bestärkt, seine Erinnerungen aufzuschreiben." Johannes Weyl sagte es später in seiner Grabrede für Viktor Mann so: „Da plötzlich brach in der Tiefe ein Quell auf, und ein Fluß des Erzählens strömte hervor." Viktor Mann hat dieses Ereignis selbst in seinem Buch festgehalten: „Das Erzählen glitt immer weiter in die Vergangenheit und Vorvergangenheit. Alles, was das Wiedersehen geweckt hatte, erschloss sich jetzt in Worten, blätterte sich auf, wie Kapitel eines Buches."

So geht's zu der Dachgaube:

Das Fenster, hinter dem die Gespräche zwischen Viktor Mann, Johannes Weyl und Ludwig Emanuel Reindl stattfanden, befindet sich in der Bahnhofstraße 8. Es ist das Fenster rechts außen im obersten Stock.

Die Erinnerungen, aufgeblättert wie ein Buch, goss Viktor Mann in ein wirkliches, greifbares Buch, das noch heute an sein Leben erinnert. Und an die Entstehungsgeschichte des Buches erinnert das Fenster in der Konstanzer Innenstadt.

Eva-Maria Bast

Christa Albrecht steht am Gartentor der ehemaligen Rettungsanstalt für Mädchen.

Erziehungsanstalt

Obdach für verwahrloste Mädchen

Den meisten Konstanzern ist der Name Ignaz von Wessenberg (1774–1860) ein Begriff. Sie haben als Jugendliche vielleicht die Wessenberg-Schule besucht, sind hundertfach durch die Wessenbergstraße flaniert, haben im lauschigen Hinterhof des Café Wessenberg einen Kaffee getrunken oder in der gleichnamigen Gemäldegalerie Kunstwerke bewundert. Doch nur wenige wissen, dass in Konstanz noch eine weitere Einrichtung an den letzten so genannten Bistumsverweser erinnert, und zwar an sein großes soziales Engagement. „122 Jahre lang gab es in der Schwedenschanze die ‚Von Wessenberg'sche Erziehungsanstalt für Mädchen'", erklärt die Gleichstellungsbeauftragte der Stadt Konstanz, Christa Albrecht. Das Gebäude steht noch heute direkt an der Schweizer Grenze, verborgen hinter hohen Bäumen.

Von Wessenberg, der die Anstalt liebevoll „Herzenskind" nannte, hatte sich ab Mitte des 19. Jahrhunderts für ihre Einrichtung stark gemacht. So konnten ab 1855 drei Mädchen in dem Gebäude, das für 30 Zöglinge ausgelegt war, untergebracht werden, betreut von einer Vorsteherin, zwei Lehrerinnen und einer Hauswirtschafterin. Fünf Jahre später waren es erst zwölf Mädchen. Die Aufnahmeregeln waren einfach zu streng, als dass genügend Mädchen „angefallen" wären – eine Tatsache, die von Wessenberg stets ein Dorn im Auge war. Denn er wollte ein „Rettungshaus", kein „Zuchthaus". Er war

So geht's zum ehemaligen Erziehungsheim:

Das ehemalige Erziehungsheim steht in der Schwedenschanze 10.

In diesem Haus lebten, lernten und schliefen zwischen drei und 40 verwahrloste Mädchen.

der Überzeugung, dass die Mädchen bei ihrer Aufnahme in der Schwedenschanze noch nicht zu sehr verwahrlost sein durften. Schließlich sollten sie ja dem endgültigen Verderben noch entrissen werden. „Die meisten Mädchen stammten aus Familien, in denen große Armut herrschte und die den Behörden auffielen, weil sie beispielsweise bettelten“, erklärt Christa Albrecht. Vor allem die fortschreitende Industrialisierung habe dazu geführt, dass Ende des 19. Jahrhunderts immer mehr Kinder verwahrlosten. „Die Eltern gingen in die Fabrik zum Arbeiten, da kam es häufig vor, dass ihre Sprösslinge allein zu Hause und nicht versorgt waren“, blickt die Gleichstellungsbeauftragte auf jene Zeit zurück. Die „Vergehen“ der Kinder, die dann dazu führten, dass sie ins Heim gebracht wurden, klingen für heutige Ohren eher harmlos: Bettelei, Lügen, Müßiggang und Umhertreiben tauchen in den Akten am häufigsten auf.

Erklärtes Ziel Wessenbergs, der bis zu seinem Tod 1860 selbst die Leitung der Anstalt innehatte, war es, den Mädchen Bildung zukommen zu lassen. Und zwar dahingehend, dass sie später einmal als Haushaltspersonal bei Konstanzer Honoratiorenfamilien eingesetzt werden konnten – unabhängig davon, welche anderen Begabungen oder Interessen sie mitbrachten. Sie lernten Lesen, Schreiben und Rechnen. Aber auch Küchendienst, Putzen, Handarbeit, Wäsche waschen und Gartenarbeit standen auf dem Stundenplan. „Sie durften die Anstalt erst verlassen, wenn sie das alles wirklich erlernt hatten“, sagt Christa Albrecht. Da kam es durchaus vor, dass einem

Mädchen verweigert wurde, eine Beziehung zu einem Mann zu pflegen oder gar zu heiraten – wenn es in den Augen der Anstaltsleitung noch nicht die nötige Reife dafür besaß.

Nicht jedes Mädchen genoss diese „Fürsorge". Die Kinder und Jugendlichen kamen aus dem ganzen Großherzogtum nach Konstanz, waren oft weit weg von ihren Familien und allem, was ihnen vertraut war. Immer wieder seien Mädchen aus dem Heim geflohen, weiß Christa Albrecht aus den entsprechenden Akten im Stadtarchiv. Doch die Freiheit war meist nur von kurzer Dauer, sie wurden schnell aufgegriffen und zurück ins Heim gebracht. Dort war der Tagesablauf streng und arbeitsintensiv. „Man muss auf den Bildern nur die Gesichter der Kinder anschauen. Da kann man sich schon vorstellen, dass es für viele von ihnen schwer war", überlegt die Konstanzer Gleichstellungsbeauftragte. Klar war auch, was von ihnen erwartet wurde: Demut und Dankbarkeit gegenüber ihren Rettern. „Im Rathaus zeigt ein Wandgemälde eine Szene aus den Anfangsjahren: Von Wessenberg besucht die Mädchen und sie küssen unterwürfig seine Hand."

Trotzdem dürften es etliche der Mädchen, die das Heim besuchten, dort tatsächlich besser gehabt haben als in ihren eigenen Familien. „Neben Diebstahl, Verwahrlosung und mangelnder Aufsicht wird immer wieder unsittliches Verhalten mit Jungen und ‚geschlechtlicher Missbrauch' in der Familie als Ursache der Einweisung genannt. Die Mädchen aus diesen dramatischen Abhängigkeitsverhältnissen zu lösen, ist auch nach heutigem Verständnis als ‚Rettung' zu sehen. Bei anderen Vorwürfen, die mit deklassierenden Begriffen wie ‚Frechheit', ‚Lügen' und ‚Eigensinnigkeit' umschrieben wurden, ist dies weit weniger der Fall", schrieb Elisabeth Foege 2010 in einer Festschrift zum 150. Geburtstag von Ignaz von Wessenberg. Da war das Mädchenheim bereits seit 33 Jahren geschlossen, es war einfach nicht mehr zeitgemäß gewesen.

Heike Thissen

49

Norbert Fromm genießt die Ruhe im Stadtgarten.

Stadtgarten

Konkurrenz belebt das Geschäft?

Der Stadtgarten ist heute gewissermaßen die grüne Lunge von Konstanz, ein Naherholungsgebiet direkt am See, in dem bei schönem Wetter Familien, Jugendliche, Senioren und Verliebte im Schatten eines Baumes auf dem grünen Gras liegen oder auf einer Bank sitzen und den Blick auf den See genießen. Dass das Gelände dieses Uferparks keinen natürlichen Ursprung hat, das wissen einige derer, die sich hier entspannen. Was aber den wenigsten bekannt ist: dass ein Bürgermeister den Uferpark aus Konkurrenzneid aufschütten ließ. Präziser gesagt, wollte er dem benachbarten Inselhotel ein Schnippchen schlagen. „Zur selben Zeit, als das Gebäude auf der Insel zum Inselhotel umfunktioniert werden sollte, also um das Jahr 1870, war vor allem der damalige Oberbürgermeister Max Stromeyer (1830–1902) intensiv damit befasst, das Bad-Hotel im heutigen Büdingen-Park an der Seestraße zu gründen“, erzählt Nor-

Der Uferpark hat eine spannende Entstehungsgeschichte.

bert Fromm vom Stadtarchiv. „Er hat da richtig viel Geld reingesteckt." Er habe zu diesem Zweck sogar Geld von Großherzog Friedrich I. geliehen. Dieses brauchte man auch deshalb so dringend, weil das Bad-Hotel „unglaublich gut ausgestattet" wurde, wie Fromm sagt, und man „Maß und Ziel verloren" habe. „Es war zu groß und zu teuer gemacht. Wenn überhaupt, hätte das nur klappen können, wenn da nicht die Konkurrenz durch das Inselhotel gewesen wäre." Da das Inselhotel zudem noch einige Wochen früher seine Pforten öffnete als das Bad-Hotel, habe letzteres von Anfang an finanzielle Schwierigkeiten gehabt. „Es gab sogar bereits bei der Eröffnung Gerüchte von Insolvenz, und das war den Geschäften natürlich auch nicht gerade zuträglich", erklärt Fromm. Der Oberbürgermeister schien nicht so schnell aufgeben zu wollen – er war bereit, für sein Hotel zu kämpfen. „Er hat neben dem Inselhotel das Ufer aufschütten lassen – mit dem Ziel, das Gelände dann zu bebauen." Das Inselhotel, argumentiert Fromm, wäre sicherlich nicht mehr so attraktiv gewesen, wenn die Gäste auf Hauswände statt auf die schöne Natur hätten blicken müssen. Die Betreiber des Inselhotels hätten diese Gefahr auch gesehen und – erfolglos – prozessiert. Doch sie hatten trotzdem Glück: Stromeyer trat zurück und

So geht's zum Stadtgarten:

Der Stadtgarten befindet sich zwischen dem Inselhotel und dem Konzil. Man erreicht ihn von der Konzilstraße aus.

sein Nachfolger entschied, das nun aufgeschüttete Gelände nicht zu bebauen, sondern einen Park darauf zu errichten.

Wie es zu dem Rücktritt Stromeyers kam? Lag es daran, dass das Bad-Hotel tatsächlich pleite ging? „Das hat unterschwellig natürlich eine große Rolle gespielt", bestätigt Fromm. Der offizielle Grund war aber ein Streit um Schulbänke. „Deren Anschaffung hat Stromeyer, wie es seine Art war, selbstherrlich entschieden, ohne den Stadtrat zu fragen, und da haben sich einige beschwert. Aus Trotz hat er seinen Rücktritt angeboten." Das war im Jahr 1877, elf Jahre nachdem Stromeyer sein Amt angetreten hatte. Für Fromm gibt es aber keinen Zweifel daran, dass der eigentliche Grund für den Rücktritt die Pleite des Bad-Hotels war. Die Geschichte wurde noch ziemlich kompliziert: „Stromeyer überlegte es sich anders und trat vom Rücktritt zurück." Norbert Fromm kann sich ein amüsiertes Schmunzeln an dieser Stelle nicht verkneifen. „Er hatte nämlich gemerkt, dass er durch einen Rücktritt seine Bezüge verlieren würde." Doch dem Rücktritt vom Rücktritt widersetzte sich der Rat, Stromeyer wurde nicht wieder Oberbürgermeister, sondern schlitterte in einen jahrelangen Rechtsstreit mit der Stadt um seine Bezüge. Schlussendlich erhielt er zwar Nachzahlungen, jedoch nicht in der Höhe, die er angestrebt hatte.

Für das Inselhotel ging die Sache indes gut aus: Seine Gäste können sich nun an dem Blick über den See und den Park erfreuen. Vor allem aber profitieren Konstanzer Bürger und Gäste von dem schönen Stadtgarten. Dass er nur aus Konkurrenzneid aufgeschüttet wurde, spielt dabei längst keine Rolle mehr.

Eva-Maria Bast

50

Versteckt hinter Mülltonnen wird das Epitaph nicht beachtet.

Epitaph

Letzter Zeuge hinter Mülltonnen

Um besonderen Relikten aus längst vergangenen Zeiten auf die Spur zu kommen, muss man oft die ausgetretenen Pfade verlassen. Das lohnt sich unter anderem in der belebten und beliebten Wessenbergstraße. Wer hier in eine enge, unübersichtliche Feuergasse eintritt und hinter Mülltonnen guckt, findet ein verblichenes Epitaph, das heute noch an die ehemalige St.-Lorenz-Kapelle erinnert.

Es ist nicht mehr viel auf dem Epitaph aus der St.-Lorenz-Kapelle zu erkennen.

Tatsächlich ist die Gedenktafel derart vom Zahn der Zeit zernagt, dass nur Reste schwarzer und rostroter Farbe zu sehen sind. Sonst ist nichts geblieben von der Kapelle, die einst so eminent wichtig war. Denn bei dem Kirchlein am Obermarkt handelte es sich um die Ratskapelle, also den Ort, an dem sich ausschließlich die höchsten Repräsentanten der Bürgerschaft zur heiligen Messe versammelten. Und das war mindestens drei Mal in der Woche der Fall, denn vor jeder Sitzung wurde erst einmal zusammen das Abendmahl gefeiert. Wann genau der Grundstein für die Kapelle gelegt wurde, ist nicht eindeutig geklärt. Sicher ist jedoch, dass sie Ende des 13. Jahrhunderts zur Ratskapelle aufstieg und damit eines der wichtigsten Gotteshäuser der Stadt wurde. Ihre Lage war schlichtweg bequem für die Herren des Rates. Von großer Bedeutung waren auch die Glocken, die in dem schmalen, mit Kupfer gedeckten Glockenturm hingen. 1376 veranlassten die Ratsherren, dass diese nur zur Eröffnung der Ratssitzungen geläutet werden dürfen. Wer sich als Ratsherr beim Ertönen des Geläuts nicht zur Sitzung einfand, wurde mit einer Buße bestraft – es sei denn, er hatte einen triftigen Grund. Obendrein war die Glocke die erste in der Stadt, keine durfte früher läuten.

Doch im Laufe der Jahrhunderte scheint in Bezug auf die Wichtigkeit der St.-Lorenz-Kapelle irgendetwas schief gegangen zu sein. So schrieb der damalige Konstanzer Bürgermeister Karl

Hüetlin (1806–1861) am 15. Oktober 1836 in einem Bericht, dass in der Kirche schon seit langem keine Messen mehr stattfänden und sie baufällig sei. Und „bei Anlaß der Revision der städtischen Rechnungen ist schon zu wiederholten Malen von seiten der Gemeinde der Wunsch geäußert worden, dieses nutzlose Gebäude auf irgendeine Art und Weise nutzbringend zu machen.“ Die Stadt, die in den ehemals heiligen Hallen zu dem Zeitpunkt bereits Baumaterialien gelagert hatte, stieß die Kapelle ab und verkaufte sie 1839 für 2860 Gulden an den Kaufmann August Rehn. Dieser hatte völlig andere Pläne, ließ er doch an derselben Stelle ein prächtiges Kaufhaus errichten.

So geht's zum Epitaph:

Das Epitaph ist an der rechten Seite des Hauses Wessenbergstraße 2 angebracht. Man erreicht es, wenn man etwa 20 Meter in die Feuergasse zwischen dem Schuhhaus ShoeTown und dem Restaurant Kochlöffel hineingeht. Die obere Hälfte des Epitaphs ist links über den Mülltonnen zu sehen.

Einkaufen kann man in der Wessenbergstraße 2 auch heute noch. Nur das Epitaph hält die Erinnerung an das ehemalige Gotteshaus aufrecht.

Heike Thissen

Danksagung

Geheimnisse sind ständig einer Gefahr ausgeliefert. Der Gefahr, vergessen zu werden. Ohne Menschen, die ihr Wissen zum rechten Zeitpunkt weitergeben, würden enorme Schätze für immer verloren gehen. Wir danken all jenen, die ihr Wissen mit uns geteilt und sich viel Zeit genommen haben, um uns auf unserer Spurensuche zu begleiten.

Unseren Kollegen vom SÜDKURIER danken wir für die großartige Unterstützung, allen voran Chefredakteur Stefan Lutz, der sich von unserer Idee von Anfang an begeistert zeigte. Und das schon 2011, als die ersten Bände der inzwischen zehnteiligen Reihe erschienen.

Ein riesiges Dankeschön geht an unsere Familien und Freunde fürs Rückenfreihalten, Korrekturlesen und für die juristische Beratung. Und unseren Kindern danken wir für die Geduld, die sie aufbrachten, wenn wir sie bei der Geheimnissuche auch mal stundenlang durch die Städte schleppten oder wenn wir vor lauter Schreiben die Zeit vergaßen.

Eva-Maria Bast und Heike Thissen im Oktober 2013

Literatur, Quellen und Fotos

Albrecht, Christa (Hrsg.):
Auch das Weib ist berufen ... Konstanz 1997, S. 103–128.

Baden-Württembergische Biografien Band 5:
Weyl, Hugo Johannes Julius Ulrich. o.O., o.J.

Bast, Eva-Maria; Blust, J.:
Geheimnisse der Heimat – 50 spannende Geschichten aus Friedrichshafen. Überlingen 2012, S. 41 ff.

Bast, Eva-Maria; Thissen, H.:
Geheimnisse der Heimat – 50 spannende Geschichten aus Konstanz. Konstanz 2011, S. 78 ff.

Bericht des Postamts Konstanz an die Oberpostdirektion vom 29.9.1970.

Bibel Online:
Offenbarung – Kapitel 12. Die Frau und der Drache. URL: www.bibel-online.net/buch/luther_1912/offenbarung/12/#1. Stand: 11. September 2013.

Botanische Arbeitsgemeinschaft Südwestdeutschland:
Restaurierung und Katalogisierung des Herbariums Leiner in Konstanz. Beiheift 1, Karlsruhe 2004.

Bousset, Wilhelm:
Die Offenbarung Johannis. Göttingen 1906, S. 252.

Braumann-Honsell, Lilly:
Kleine Welt – Große Welt. Konstanz 1938, S. 59–61.

Breukelaar, Adriaan:
„Konrad von Konstanz." In:
Biographisch-Bibliographisches Kirchenlexikon. Band 4, Bautz, Herzberg 1992, Sp. 416–417.

Brockhaus Geschichte:
Türkenkriege. Mannheim 2006, S. 883 ff.

Burchardt, Lothar:
„Der Fahnenträger vor der ehemaligen Chérisy-Kaserne." In: Konstanzer Almanach. 47. Jahrgang, Konstanz 2001, S. 32–34.

Büttner, Ulrich; Schwär, E.:
Neue Sagen der Stadt Konstanz und Umgebung. 38 Sagen, Legenden und Geschichten mit 25 historischen Abbildungen. Stegen 2011, S. 99 f.

Cadario, Roland:
„Konstantin Handloser und seine Konstanzer Regimentsmusik." In: Bodensee-Hefte. Nr. 46, 1996/97, S. 42 f.

Denkschrift zur Eröffnung des neuen Reichs-, Post- u. Telegrafengebäudes in Konstanz am 25. April 1891. Konstanz 1891, S. 9 f.

Der Seehase. Nachrichtenblatt der Kameradschaft ehemaliger 114er und 14er. Ausgabe 81, Jahrgang 1960.

Der Seehase. Nachrichtenblatt der Kameradschaft ehemaliger 114er und 14er. Ausgabe 100, Jahrgang 1967.

Direktion der öffentlichen Bauten des Kantons Zürich (Hrsg.):
„Spätrömisches Kastell Vitudurum. Inschriftenstein von 294 n.Chr." In: Zürcher Denkmalpflege. 6. Bericht, 1968/69. Zürich 1973, S. 157–160.

Ebner, Frank:
Historische Gasthäuser in Baden. URL: www.historische-gasthaeuser.de. Stand: 28. August 2013.

Egli, Christina:
Kirchenführer St. Stephan Konstanz. 3. Auflage, Konstanz 2009.

Eickmeyer, Dr. Horst:
Rede zur Einweihung des Seeuferwegs am 1. Juni 1995.

Eickmeyer, Dr. Horst:
Bilanz und Perspektiven – Kontinuität für Konstanz. Informationen zur Oberbürgermeisterwahl am 12. Juni 1988.

Eickmeyer, Dr. Horst:
Konstanzer Kommunalpolitik von A–Z. Konstanz 1996.

Ernst Straub GmbH:
Das Unternehmen. URL: www.ernst-straub.de/ernst-straub/unternehmen/unternehmen.php. Stand: 22. August 2013.

Evangelische Landeskirche Baden:
Die Eigenart der Konstanzer Reformation. URL: www.kindergottesdienst-baden.de/reformation/Konstanz/konst_5.htm. Stand: 22. August 2013.

Fachhochschule Konstanz (Hrsg.):
Von der Fleischfabrik zum Bücherhort. Der Umbau des ehemaligen Schlachthofes der Stadt Konstanz zur Bibliothek des Fachhochschule Konstanz. Konstanz 1997.

Finanzministerium Baden-Württemberg (Hrsg.):
Erweiterungsbauten für die Fachhochschule. Festschrift anlässlich der Einweihung der Erweiterungsbauten für die Fachhochschule Konstanz am 13.10.1995. Konstanz 1995, S. 22–26.

Finke, Heinz:
Unbekanntes Konstanz. Konstanz 1993.

Foege, Elisabeth:
Von der Rettungsanstalt für Mädchen zum Sozialzentrum Schwedenschanze: Die Wessenberg'sche Vermächtnisstiftung. Festschrift zum 150. Todestag des Ignaz von Wessenberg. Konstanz 2010.

Frey, Daniela; Hirt, C.-D.:
Französische Spuren in Konstanz. Konstanz 2011, S. 104–108.

Gerberei Vill:
Wasserwerkstatt. URL: www.gerben.de/wasserwerkstatt.php.
Stand: 30. August 2013.

Göpfert, Dieter:
Das Bistum Konstanz um 600 bis 1821. Geschichte und Bedeutung. Deggenhausertal 2005, S. 18–21.

Gügel, Dominik:
„Notizen zur Konstanzer Militärgeschichte." In:
Delphin-Kreis (Hrsg.): Das DelphinBuch. Konstanzer Beiträge zu Geschichte und Gegenwart. Band 8, Konstanz 2006, S. 13–28.

Haug, Heidrun:
„Konzil Gaststätte." In:
Historische Gasthäuser in Baden. URL: www.historische-gasthaeuser.de/de/gasthaus/details.php?id=53. Stand: 3. September 2013.

Heer, Heinz:
Lexikon der Stadt Konstanz. Konstanz 2008.

Heiligenlexikon:
Abraham. URL: www.heiligenlexikon.de/BiographienA/Abraham.htm. Stand: 24. August 2013.

Hilberling, M. Brigitta:
Das Dominikanerkloster St. Nikolaus auf der Insel vor Konstanz. Sigmaringen 1969.

Historicum.net. Geschichtswissenschaften im Internet. Schmalkaldischer Krieg. URL: www.historicum.net/index.php?id=1039. Stand: 22. August 2013.

Hochschule Konstanz (Hrsg.):
Mach's gut, altes Haus. Eine Hommage an die Villa Prym. 2. Auflage, Konstanz 2012.

Hug, Wolfgang:
Geschichte Badens. Stuttgart 1992, S. 326–357.

Humpert, Theodor:
Chorherrenstift, Pfarrei und Kirche St. Stephan in Konstanz. Konstanz 1957, S. 175.

Hussendörfer, Rainer:
„Putzfassade contra Sichtfachwerk. Zur Frage der Freilegung überputzter Fachwerke aus heutiger Sicht." In:
Landesdenkmalamt Baden-Württemberg (Hrsg.): Denkmalpflege in Baden-Württemberg. 11. Jahrgang, April–Juni 1982, Stuttgart 1982, S. 45–49.

Initiative „Stolpersteine für Konstanz – Gegen Vergessen und Intoleranz":
Salomon Guggenheim 1877–1942. URL: www.stolpersteine-konstanz.de/index.html?salomon_guggenheim.htm. Stand: 10. September 2013.

Initiative Rheintorturm:
Die historische Bedeutung des Rheintorturms zu Konstanz. URL: www.rheintorturm.de/index.php/geschichte. Stand: 22. August 2013.

Jakobs, Dörthe; Lung, R.; Mienhardt, F.:
„Hinter Eternitschindeln wiederentdeckt. Konservierung einer bemalten Gründerzeitfassade in der Konstanzer Altstadt.“ In:
Landesamt für Denkmalschutz im Regierungspräsidium Stuttgart (Hrsg.): Denkmalpflege Baden-Württemberg. Nachrichtenblatt der Landesdenkmalpflege. 41. Jahrgang, Ausgabe 3/2012, Stuttgart 2012, S. 167–172.

Kejr, Jiri:
Die Causa Johannes Hus und das Prozessrecht der Kirche. Regensburg 2005.

Keller, Erwin:
Der heilige Konrad von Konstanz. Zur Tausendjahrfeier seines Todes. Karlsruhe 1975.

Konradsblatt vom 16. November 1975.

Konstanzer Fasnet. URL: www.plimplamp.de. Stand: 22. August 2013.

Konstanzer Zeitung vom 7. November 1853, 10. November 1853, 13. November 1925, 29. Mai 1933.

Konzil Konstanz:
Konzil Geschichte. URL: www.konzil-konstanz.de/historie/konzilgesch/konzilgesch.html. Stand: 12. Mai 2013.

Kuder, Ulrich:
„Die Konstanzer Christusscheibe.“ In:
SVGB 1997, S. 4 ff.

Laible, Joseph:
Geschichte der Stadt Konstanz und ihrer nächsten Umgebung. Ein Hausbuch für Leser aller Stände. Konstanz 1921, S. 38 f.

Landeskundliches Informationssystem Baden-Württemberg:
Konstanz. URL: www.leo-bw.de/detail-gis/-/Detail/details/ORT/labw_ortslexikon/14442/Konstanz+%5BTeilort%5D. Stand: 30. August 2013.

Mann, Viktor:
Wir waren fünf. Frankfurt 1976.

Marmor, Johann F. N.:
Geschichtliche Topographie der Stadt Konstanz und ihrer Umgebung mit besonderer Berücksichtigung der Sitten- und Kulturgeschichte derselben. Konstanz 1860.

Maurer, Helmut:
„Die Ratskapelle St. Lorenz am Obermarkt." In:
Menge, Johannes (Hrsg.): Konstanzer Baudenkmale. Eine Sammlung von kulturhistorischen Dokumentarberichten. 2. Folge, Konstanz 1980, S. 16 ff.

Maurer, Helmut:
„Konstanz und sein Konzil." In:
ders.: Geschichte der Stadt Konstanz: Konstanz im Mittelalter. Vom Konzil bis zum Beginn des 16. Jahrhunderts. Konstanz 1989, S. 9–47.

Meyer, Fredy:
Sankt Pelagius und Gregor der Große: Ihre Verehrung im Bistum Konstanz. Freiburg/München 2002.

P.M. Welt des Wissens:
Warum steht die Madonna auf dem Mond? URL: www.pm-magazin.de/r/gute-frage/warum-steht-die-madonna-auf-dem-mond, Stand: 11. September 2013.

Reformation in der Stadt Konstanz. URL: www.uwira.com/download/Reformation.pdf. Stand: 22. August 2013.

Registraturbuch von 1585. Stadtarchiv Konstanz.

Reiners, Heribert:
„Das Münster unserer Lieben Frau zu Konstanz." In:
Die Kunstdenkmäler Südbadens. Hrsg. von der staatlichen Denkmalpflege. Konstanz 1955, S. 421.

Richental, Ulrich:
Chronik des Konstanzer Konzils 1414–1418. Textheft (ohne Wappenteil). Konstanz o.A.

Schelle, Klaus:
Das Konstanzer Konzil. Eine Reichsstadt im Brennpunkt europäischer Politik. Konstanz 1996.

Silberer, Elke:
Klick, klick, klick zum Weltmarktführer. Spiegel Online. URL: www.spiegel.de/karriere/berufsleben/kleine-riesen-klick-klick-klick-zum-weltmarktfuehrer-a-805520.html. Stand: 28. August 2013.

Stadt Konstanz (Hrsg.):
Bismarckturm. Broschüre, o.A.

Stadtarchiv Konstanz.

Stadtarchiv Überlingen.

Stadtwerke Konstanz (Hrsg.):
Motorbootbetrieb der Stadtwerke Konstanz 1911–1991. Ein Rückblick über 80 Jahre ... Broschüre anlässlich der Einstellung des Betriebs der Rheinfähre, Konstanz 1991.

Stather, Martin:
„Musik und kleiner Grenzverkehr. Das Handloser-Denkmal im Stadtgarten." In:
Konstanzer Almanach. 35. Jahrgang, Konstanz 1989, S. 63–66.

Stather, Martin:
„Über Alles das Vaterland! Wie Konstanz zu seinem Bismarckturm kam."
In: Konstanzer Almanach. 34. Jahrgang, Konstanz 1988, S. 65–69.

SÜDKURIER vom 19. September 1950, 4. September 1959, 14. April 1960, 10. Dezember 1960, 29. September 1970, 30. September 1970, 2. Oktober 1970, 22. Oktober 1970, 2. März 1971, 9. März 1971, 15. Juli 1971, 20. Oktober 1987, 22. Oktober 1987.

Syré, Ludger:
„Der Führer vom Oberrhein." In:
Kißener, Michael & Scholtyseck, J.: Die Führer der Provinz. Konstanz 1997, S. 733–780.

Traditionsgemeinschaft der ehemaligen Garnisonsstadt Konstanz e.V.:
85 Jahre Gedenkstätte Riesenbergkapelle. 1925–2010. Informationsbroschüre.

Waagen, Gustav Friedrich:
„Ueber Denkmale der Kunst in Karlsruhe, Freiburg im Breisgau und Konstanz." In:
Kunstblatt. 29. Jg., 1848, S. 245–248.

WDR:
Vor 120 Jahren: Heribert Bauer lässt den Druckknopf patentieren. URL: www.www1.wdr.de/themen/archiv/stichtag/stichtag1446.html. Stand: 28. August 2013.

Weyl, Johannes:
Aus 50 Jahren Zeitungsarbeit. Konstanz 1976, S. 93 ff., S. 195 ff.

Wikipedia:
Abendländisches Schisma. URL: www.de.wikipedia.org/wiki/Abendländisches_Schisma. Stand: 18. Mai 2013.

Wikipedia:
Großer Türkenkrieg. URL: www.de.wikipedia.org/wiki/Großer_Türkenkrieg. Stand: 12. Mai 2013.

Wikipedia:
Hugo von Hohenlandenberg. URL: www.de.wikipedia.org/wiki/Hugo_von_Hohenlandenberg. Stand: 12. August 2013.

Wikipedia:
Jan Hus. URL: www.de.wikipedia.org/wiki/Jan_Hus. Stand: 24. August 2013.

Wikipedia:
Konstanzer Münster. URL: www.de.wikipedia.org/wiki/Konstanzer_Münster. Stand: 11. August 2013.

Wikipedia:
Konzil von Konstanz. URL: www.de.wikipedia.org/wiki/Konzil_von_Konstanz. Stand: 12. Mai 2013.

Wikipedia:
Macaire. URL: www.de.wikipedia.org/wiki/Macaire_(Unternehmerfamilie). Stand: 3. Juni 2013.

Haftungsausschluss

Trotz intensiver Gespräche mit unseren Gesprächspartnern, gewissenhafter Literaturrecherche und aufmerksamem Korrekturlesen erheben wir weder einen Anspruch auf Vollständigkeit noch auf Fehlerlosigkeit. Wir haben streng darauf geachtet, keine Urheberrechte zu verletzen, unsere Recherchen sind nach bestem Wissen und Gewissen erfolgt. Dennoch übernehmen wir keinerlei Gewähr für die Aktualität, Korrektheit oder Vollständigkeit der bereitgestellten Informationen. Haftungsansprüche gegen uns schließen wir grundsätzlich aus.

HTWG
Fahrradbrücke
Spanierstraße
Webersteig
Rhein
Rheingutstraße
Rheinsteig
Sternenplatz
Löhrystraße
Gartenstraße
Zasiusstraße
Schottenstraße
Schreiberg.
Inselgasse
Braueneggerstraße
Wallgutstraße
Münster
Bodensee
Katzgasse
Untere Laube
Muntpratstraße
Torgasse
Konzilstraße
Stephans-
platz
Schulstraße
Zollernstraße
Gottlieber Str.
St.-Stephans Platz
Sallmannsweilergasse
Stadt-
garten
Imperia
Leinerstr.
Kanzleistr.
Marktstätte
Schützenstraße
Tägermoosstr.
Obere Laube
Bahnhofplatz
Neugasse
Bahnhofstr.
Hauptbahnhof
Bodanstraße
Bodanplatz
Emmishofer Str.
Kreuzlinger Str.
Hüetlinstr.
Lago
100
Meter
34
26
26
23
9
21
14
3
6
25
2
41
10
5
16
24
33
45
44
46
8
49
32
13
29
7
31
50
11
43
27
1
12
35
15
39
47
42
38
48

Isolatoren
Nacktes Ärschle
Blutbuche
Butzewegshöhle
Leere Sockel
Konradskelch
Haus zum hohen Hafen
Regimentsmusiktafel
Steinernes Gesicht
Hussenturm
Schild
Haus „Alt Konstanz“
Imperiasockel
Kerben in Holzbalken
Rokokofassade
Inschrift im Münster
Soldat

18 Trafohäuschen
19 Baum
20 Graben im Uniwald
21 Rheintorturm
22 Villa Prym
23 Bananengässle
24 Christusscheiben
25 Kapitelhaus
26 Anlegesteg
27 Goldenes Rad
28 Feuersäulen
29 Hafenhäuschen
30 114er-Kapelle
31 Malhaus
32 Patronentasche
33 Mittelschiffsäulen
34 Ehemaliger Schlachthof

35 Bärtiger Mann
36 Eckstein
37 Uferweg
38 Fassadenmalerei
39 Übriggebliebene Tür
40 Pfeiferhölzle
41 Fresken im Inselhotel
42 Mann mit Messer
43 Steinerner Mann
44 Mariensäule
45 Abrahamfigur
46 Heiliger Geist
47 Dachgaube
48 Erziehungsanstalt
49 Stadtgarten
50 Epitaph

Weitere Geheimnisse der Heimat

finden Sie in ...

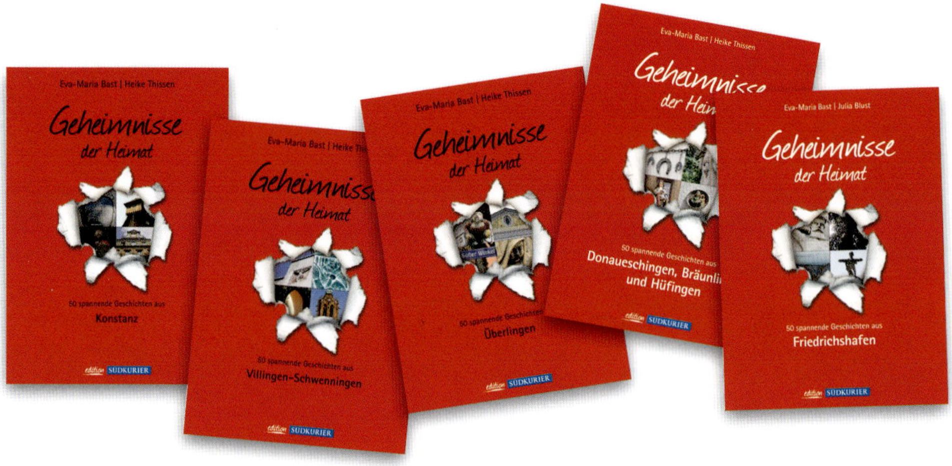

ERSCHIENEN IM WINTER 2011:

Eva-Maria Bast | Heike Thissen
Geheimnisse der Heimat
Konstanz, Band 1

Die Lieferung ist kostenlos.
14,90 Euro.

ISBN 978-3-00-035899-9

Eva-Maria Bast | Heike Thissen
Geheimnisse der Heimat
Villingen-Schwenningen

Die Lieferung ist kostenlos.
14,90 Euro.

ISBN 978-3-00-035900-2

Eva-Maria Bast | Heike Thissen
Geheimnisse der Heimat
Überlingen, Band 1

Die Lieferung ist kostenlos.
14,90 Euro.

ISBN 978-3-00-035898-2

ERSCHIENEN IM WINTER 2012:

Eva-Maria Bast | Heike Thissen
Geheimnisse der Heimat
Donaueschingen, Bräunlingen und Hüfingen

Die Lieferung ist kostenlos.
14,90 Euro.

ISBN 978-3-9815564-1-4

Eva-Maria Bast | Julia Blust
Geheimnisse der Heimat
Friedrichshafen

Die Lieferung ist kostenlos.
14,90 Euro.

ISBN 978-3-9815564-0-7

Eva-Maria Bast | Sibylle Schwenk
Geheimnisse der Heimat
Aalen und Wasseralfingen

Die Lieferung ist kostenlos.
14,90 Euro.

ISBN 978-3-9815564-2-1

• • •

und mehr.

ERSCHIENEN IM WINTER 2013:

Eva-Maria Bast | Nadja Bucher

Geheimnisse der Heimat
Esslingen

Die Lieferung ist kostenlos.
14,90 Euro.

ISBN 978-3-9815564-5-2

Eva-Maria Bast | Heike Thissen

Geheimnisse der Heimat
Tübingen

Die Lieferung ist kostenlos.
14,90 Euro.

ISBN 978-3-9815564-4-5

Eva-Maria Bast | Julia Blust

Geheimnisse der Heimat
Überlingen, Band 2

Die Lieferung ist kostenlos.
14,90 Euro.

ISBN 978-3-9815564-3-8

Alle Bücher erhalten Sie im Buchhandel oder online unter: www.buero-bast.de

Spannende Romane

von der „Geheimnisse"-Hauptautorin Eva-Maria Bast

„Vergissmichnicht"

Die Journalistin Alexandra Tuleit stößt auf einen mysteriösen Mordfall, der sich 1980 in Überlingen ereignet hat. Der Täter wurde nie gefasst. Wenig später wird ihre Informantin tot aufgefunden. Zur gleichen Zeit verschwindet in Südfrankreich eine Frau - und die Spuren führen nach Überlingen und Konstanz ...

Ein spannender Krimi mit viel Lokalkolorit vor der traumhaften Kulisse des Bodensees.

Eva-Maria Bast, Vergissmichnicht: Der erste Fall für Alexandra Tuleit und Ole Strobehn. 280 Seiten. Gmeiner-Verlag 2012, 11,90 Euro.
ISBN: 978-3-8392-1338-4

„Tulpentanz"

Der junge Geliebte der Firmenchefin Helena Eichenhaun wird am Bodenseeufer tot aufgefunden. Zeitgleich verschwindet in Aalen die Pfeife des Spions – eines Wahrzeichens der Stadt. Alexandra Tuleit und Kommissar Ole Strobehn enthüllen eine unglaubliche Geschichte, die tief in die Vergangenheit führt ...

Hochspannung zwischen Aalen und dem Bodensee!

Eva-Maria Bast, Tulpentanz: Der zweite Fall für Alexandra Tuleit und Ole Strobehn. 410 Seiten. Gmeiner-Verlag 2013, 11,99 Euro. ISBN: 978-3-8392-1413-8

„Mondjahre"

Deutsches Reich 1914. Johanna, Sophie und Luise sind drei mutige, starke und schöne junge Frauen, die Zukunft liegt verheißungsvoll vor ihnen. Doch dann bricht der Krieg aus und zeigt ihnen das Leben von seiner finstersten Seite. Sophie erwartet ein Kind von einem Franzosen, der jetzt Feind ist, Luise und Johanna geraten in russische Gefangenschaft. Der Krieg verlangt ihnen alles ab. Aber er macht sie auch stärker.

Frauenschicksale in Ostpreußen und am Bodensee.

Erscheint im Frühjahr 2014 im Gmeiner-Verlag.

Sie wollen

Mehr Konstanzer Geheimnisse entdecken

und die Stadt noch besser kennenlernen?

STADTFÜHRUNGEN:

Carola Berszin
Stadtführerin / Anthropologin
Klassische Altstadtführungen, verschiedene Themenführungen für Schulklassen und Erwachsene.

Wessenbergstr. 22–24 | 78462 Konstanz
Tel: 07531 / 363 20 30 | E-Mail: carola.berszin@t-online.de
Internet: www.anthropologie-konstanz.de

Ulrich Büttner
Stadtführer / Historiker / Whisky-Kenner
Klassische Stadtführungen, Führungen als Ritter, Landsknecht oder Nachtwächter, Whisky-Verkostung in historischem Gemäuer.

Tel: 07531 / 361 31 59 | E-Mail: Ulrich.Buettner@googlemail.com

Daniel Gross
Stadtführungen durch Konstanz: Zu den Highlights der Geschichte, zur Konzilszeit, durch die „Feuergassen", durch die Niederburg, ...
Für Gruppen ab 8 Personen.

Von Emmich Straße 3 | 78467 Konstanz
Tel: 07531 / 67 15 9 | Mobil: 0177 / 359 35 11
E-Mail: dan4u@gmx.net

Klaus Leitermann
Führungen durch die Schluchten der Halbinsel Bodanrück.
Für Gruppen ab 8 Personen.

Tel: 07533 / 5291
E-Mail: klaus@leitermann.name

Konrad Schatz
Münsterführungen und Stadtführungen.

Hüetlinstrasse 35 | 78462 Konstanz
Tel: 07531 / 369 24 15 | Mobil: 0174 / 757 67 50
E-Mail: konrad.schatz@gmx.de

Dr. Gudrun Schnekenburger
Historikern / Archäologin
Stadtführungen, Museumsführungen, Vorträge.

E-Mail: gudrun.schnekenburger@t-online.de

Egon Schwär
Stadtführer / Autor
Stadtführungen, Führungen als Nachtwächter und Landsknecht, Gassenrundgänge zu bekannten Redewendungen, alten Sagen und modernen Legenden, Sagenbücher.

Tel: 07531 / 51 75 2 | E-Mail: Egon@SchwaerimNetz.de

BÜCHER:

Ulrich Büttner; Egon Schwär
Neue Sagen der Stadt Konstanz: 38 Sagen, Legenden und Geschichten mit 25 historischen Abbildungen.
9,80 Euro. ISBN 978-3-86028-247-2

Chancengleichheitsstelle der Stadt Konstanz (Hrsg.)
Frauen-Geschichte in Konstanz: Frauenstadtführerin, 1. Auflage 2001; Berühmt, berüchtigt, berufen, 1. Auflage 2003; Frauenleben in Konstanz, 2. Auflage 2012. Jeder Flyer kostet 1 Euro und ist im Büro der Chancengleichheitsstelle, Kanzleistraße 15, erhältlich.

Frank Joachim Ebner
25 historische Gasthäuser in Baden. Ein Handbuch für Zeitreisende
14,99 Euro. ISBN 978-3-83921-478-7

Karl F. Fritz
Vom Raddampfer zur Weißen Flotte.
Sutton-Verlag / Erfurt, 19,95 Euro. ISBN 978-3-95400-170-5

Viktor Mann
Wir waren fünf. Bildnis der Familie Mann. UVK Verlagsgesellschaft mbH, Konstanz; 19,90 Euro. ISBN 978-3-89669-611-3

Dr. Arnulf Moser
Der Zaun im Kopf. Zur Geschichte der deutsch-schweizerischen Grenze um Konstanz. Hartung-Gorre Verlag, 14,80 Euro.
ISBN 978-3-86628-362-6

Dr. Arnulf Moser
Vom Königlichen Garnisons-Lazarett zur Arbeiterwohlfahrt.
Die wechselvolle Geschichte des Gebäudekomplexes Friedrichstraße 21 in Konstanz von 1882 bis heute. UVK Verlagsgesellschaft mbH, Konstanz; 14,99 Euro. ISBN 973-3-86764-429-7

Ralf Seuffert
Konstanz. 2000 Jahre Geschichte.
UVK Verlagsgesellschaft mbH, Konstanz; 34,99 Euro.
ISBN 978-3-86764-209-5

„Bodensee – Das Blaue Juwel"

Dieser außergewöhnliche Bildband zeigt den Bodensee aus bisher noch nicht möglich gewesenen Blickwinkeln. Achim Mende setzte Techniken ein, die nur wenige Fotografen in Deutschland beherrschen. Zusammen mit Autor Stefan Lutz reiste er um den See und hielt sie fest – die Bodense(e)ligkeit im Herzen Europas.

Der Bildband wurde in kurzer Zeit zu einem Bestseller.

Achim Mende; Stefan Lutz: Bodensee – Das Blaue Juwel.
185 Seiten. edition SÜDKURIER 2012, 29,90 Euro.
ISBN: 978-300039862-9

Geheimnisse anders erleben

... unterwegs

mit der App „HeimatSecrets“

Interaktiver Inhalt mit lokalen Geschichten, Karten, Newsfeed und mehr!

Entdecken Sie die Orte und Geschichten aus den „Geheimnissen der Heimat“ unterwegs auf dem Smartphone.

So funktioniert's:

1. App und kostenlose Inhalte downloaden.
2. Gewünschten Ort und Geschichte auswählen.
3. Geheimnisse entdecken!

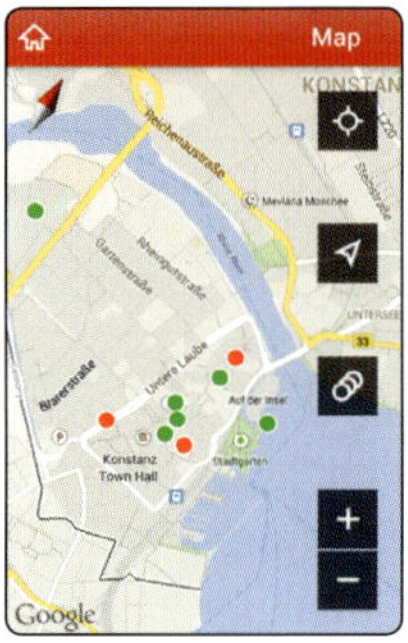

Download der „HeimatSecrets“ über QR-Code oder direkt bei:

Google play

... hautnah

bei den Geheimnis-Veranstaltungen

Bild: Petra Arnold

Ob für Jung oder für Alt, wir bieten eine bunte Event-Mischung zu den „Geheimnissen der Heimat“ für jedermann:
literarischer Spaziergang, kulinarisches Menü, Stadtperformance, Bürgertheater, Geheimnis-Monate, lebendige Adventskalender, Geheimnispost auf dem Weihnachtsmarkt, Geheimnis-Abenteuer-Parcours für Kinder, Kinder-Lesungen mit „Clown Phantasie“, Geschichten und Klänge der Stadt, Wunschkisten auf dem Weihnachtsmarkt, Besuch vom Weihnachtsengel und vieles mehr.
Informieren Sie sich über das vollständige Programm auf unserer Internetseite:
www.buero-bast.de
oder schreiben Sie uns:
veranstaltungen@buero-bast.de

... im Web

www.buero-bast.de

Geheimnisse der Heimat